Amplifiez votre ministère

par les miracles et les manifestations du Saint Esprit

DAG HEWARD-MILLS

Parchment House

Sauf indication contraire, toutes les citations bibliques sont tirées
de la version Louis Segond de la Bible

Copyright © 2013 Dag Heward-Mills

Titre original : ***Amplify Your Ministry With Miracles
and Manifestations of the Holy Spirit***
Publié pour la première fois en 2013
par Parchment House

Version française publiée pour la deuxième fois en 2015
Douzième impression en 2025
par Parchment House

Traduit par : Professional Translations, Inc.

Pour savoir plus sur Dag Heward-Mills
Campagne Jésus qui guérit

Écrivez à : evangelist@daghewardmills.org
Site web : www.daghewardmills.org
Facebook : Dag Heward-Mills
Twitter : @DagHewardMills

ISBN : 978-9988-8572-8-8

Tous droits de traduction, de reproduction et d'adaptation réservés
pour tous pays. Toute exploitation ou reproduction même partielle de
cet ouvrage est interdite sans l'autorisation écrite de l'auteur.

Table des matières

1. Pourquoi les miracles et manifestations de l'Esprit vont amplifier votre ministère 1
2. Comment vous pouvez développer votre ministère par des miracles et des manifestations 14
3. Ce que chaque ministre devrait savoir sur le surnaturel 22
4. Comment coopérer avec le surnaturel 36
5. Les quatre lois des miracles et des manifestations 43
6. Comment vous pouvez être oint pour les miracles et les manifestations 52
7. Comment reconnaître la manifestation principale du Saint Esprit 68
8. Qu'est-ce qu'une manifestation du Saint Esprit ? 76
9. Vision et connaissance dans le ministère de Jésus 81
10. Comment opérer dans la manifestation de la vision et de la connaissance 86
11. La liste des manifestations dans le Nouveau Testament 96
12. La manifestation du fait de tomber sous la Puissance 104
13. Diverses manifestations puissantes 112
14. Comment les noms de Dieu libèrent la puissance de Dieu 131
15. Six dimensions de guérison divine 142
16. Pourquoi Dieu guérit des gens aujourd'hui 150

17.	Pourquoi Dieu ne guérit pas tout le monde	158
18.	Six aspects de l'onction de guérison	168
19.	Sept caractéristiques de l'onction de guérison	174
20.	Quatre façons de recevoir l'onction de guérison	188
21.	Opérez dans la puissance et le feu de l'Esprit	196

Chapitre 1

Pourquoi les miracles et manifestations de l'Esprit vont amplifier votre ministère

Les miracles et manifestations sont notre seule chance d'atteindre le monde pour Jésus Christ. Ils sont notre seule chance d'atteindre toute communauté nation et peuple pour le Royaume. Ce sont les occasions que les ministres ont d'accomplir ce pour quoi Dieu les a appelés.

Les miracles et manifestations de l'Esprit étaient à la disposition des douze disciples et des soixante-dix personnes que Jésus a envoyées. Ils sont toujours à notre disposition par la Grande Commission. Ils sont pour nous tous si nous nous mettons à connaître et à nous rendre compte de ce que Dieu nous a donné.

1. **Les miracles et manifestations de l'Esprit vous aideront à atteindre le monde pour le Christ.**

Un jour, au moment de la publication des résultats des élections pour les différentes régions de mon pays, je me rendis compte combien de millions d'âmes vivaient dans des régions éloignées. Le cœur de Dieu saigne pour les âmes perdues. Nous n'avons pas besoin de céder à la pression politique pour fournir des services sociaux à la nation. Ce n'est pas la mise à la disposition de services sociaux comme les écoles et universités qui nous rend utiles à la nation.

L'église est une institution spéciale, ointe par Dieu d'une puissance et d'une onction spéciales. Par cette puissance et cette onction, nous pourrons faire ce que Dieu nous a appelés à faire. Il a choisi la prédication, l'enseignement et la guérison comme Sa méthode pour aider l'humanité perdue.

2. Les miracles et manifestations de l'Esprit vous feront sortir de l'obscurité.

Vous devez sortir de l'obscurité ! Votre ministère doit être senti et vu dans le monde ! À quoi sert votre grande sagesse si on ne l'entend pas, si on ne la voit pas et si on ne l'entend pas ? Jésus a été élevé dans la maison d'un charpentier insignifiant, mais Dieu Lui a donné quelque chose de spécial. Qu'est-ce qui a fait sortir Jésus de l'obscurité ? Qu'est-ce qui a conduit les gens à écouter Son message ? Qu'est-ce que Jésus pouvait faire sans les méthodes publicitaires modernes ? Les miracles et manifestations de l'Esprit, voilà ce qui a fait sortir Jésus de l'obscurité.

Les miracles et manifestations de l'Esprit sont votre chance de sortir de l'obscurité. Jésus n'a jamais écrit de livre, voyagé en voiture ou pris un train ou un avion, mais il est devenu célèbre. La Bible dit que : « Sa *renommée* se répandit…, et toute la ville était rassemblée devant sa porte » (Marc 1,28.33). Si nous voulons que les villes de ce monde se rassemblent à la porte de nos croisades, alors nous avons besoin de l'onction de guérison. Si nous voulons que les villes de ce monde se réunissent dans nos églises, alors les miracles et manifestations de l'Esprit sont la clé. L'onction de guérison amènera toute la ville à votre porte afin que vous puissiez leur parler de Jésus Christ.

3. Les miracles et manifestations de l'Esprit attireront beaucoup de cœurs brisés vers votre ministère.

Jésus a dit qu'Il était oint pour guérir les cœurs brisés. Avoir le cœur brisé signifie bien plus qu'une simple rupture avec votre petit ami ou petite amie. Les cœurs sont brisés par des déceptions en général. Beaucoup de gens sont surpris par ce que la vie leur apporte. Les gens vivent comme si tout allait bien, mais ils saignent, ils sont déçus et souffrent à l'intérieur.

Beaucoup des problèmes de l'homme ne peuvent être guéris par des médicaments, par le psychologue ou le psychiatre. Beaucoup de gens ont besoin d'être touchés par Dieu pour leur donner de l'espoir. Dieu a l'habitude d'entrer dans la vie des gens pour guérir leurs cœurs brisés.

Beaucoup de politiciens se demandent pourquoi les gens continuent à aller à l'église ; ils pensent que les pasteurs prennent juste l'argent des masses. Ils se demandent pourquoi les gens ne voient pas au-delà de la « tromperie » supposée. Vous savez, souvent les problèmes des gens ne sont pas apparents. Les gens sourient à l'extérieur mais ils pleurent à l'intérieur. Ceux qui critiquent l'Église ne savent pas ce que l'Église fait pour les gens.

Je me souviens d'une interview d'un célèbre guérisseur évangéliste à la télévision. On lui a posé beaucoup de questions sur son salaire, ses maisons et ses voitures. L'animateur de l'émission essayait de le ridiculiser.

Puis ils ont ouvert les lignes téléphoniques et un monsieur a appelé pour qu'on prie pour lui. Soudain, l'atmosphère a changé. L'appelant avait un cancer et était mourant. Il voulait que l'évangéliste prie pour lui. Toutes les questions cyniques que l'hôte avait posées ne voulaient plus rien dire maintenant. L'animateur de télévision était confronté à un appelant désespéré, au bord des larmes, qui avait besoin d'une aide urgente. Seul l'évangéliste pouvait offrir cette aide. La pertinence du ministère de l'évangéliste était évidente pour tous. Plus de gens ont continué d'appeler et de demander de prier pour leurs situations désespérées et sans espoir.

Les gens ont des besoins et l'onction de guérison répond à ces besoins. Quand vous avez la puissance de Dieu par les miracles et manifestations de l'Esprit, les cœurs brisés viendront en masse vers vous.

4. Les miracles et manifestations de l'Esprit rendront votre ministère pertinent pour la société.

« Être pertinent » signifie « être important ». Nous devenons pertinents pour le monde quand l'onction de guérison est à l'œuvre. C'est quand les cœurs brisés sont restaurés et que l'on prêche la bonne nouvelle aux pauvres, que nous devenons pertinents. Les mauvais esprits tourmentent les gens et introduisent la peur dans leur vie. L'onction de guérison délivrera les gens des mauvais esprits.

De nombreux pays sont gouvernés par la peur et la superstition. Par les miracles et les manifestations de l'Esprit, les malédictions sont brisées et la guérison vient. Beaucoup de gens comprennent la puissance surnaturelle. Si vous avez l'onction de guérison, vous pouvez résister devant des indigènes qui touchent au pouvoir surnaturel et les mettre au défi ! Si vous avez juste un petit sermon de l'école du dimanche, vous ne ferez pas le poids contre les sorciers et sorcières de notre temps.

Il y a tellement de superstition dans notre monde. Il y a des rivières où la pêche n'est pas autorisée ! Parfois, les gens n'ont même pas le droit d'aller puiser l'eau de ces rivières. Il y a des barrages qui ne peuvent pas être construits en raison de la superstition. Les gens ont peur de tellement de choses différentes. Parfois, par superstition, on a peur de porter certains vêtements à certains moments. Vous ne pouvez pas installer des lampadaires sur certaines routes à cause de la présence des dieux qui soi-disant habitent dans ces routes. Les gens ont peur d'utiliser certaines routes à certains moments. Ils ont peur d'éteindre les lumières. Les gens ont parfois peur de voyager le vendredi. Il y a une certaine superstition concernant les voyages le 13 de n'importe quel mois. Si le 13 tombe un vendredi, c'est pire. Même les compagnies aériennes en ont conscience. Il n'y a pas de siège numéro treize dans de nombreux avions. Il n'y a pas de treizième étage dans de nombreux immeubles.

Un jour, je voyageais en avion. Nous avons eu un atterrissage brutal ; le pilote s'en est excusé et a expliqué que la raison de l'atterrissage brutal était qu'on était un vendredi, le 13. Miséricorde ! Beaucoup de gens vivent dans la peur.

L'église devient pertinente quand elle a quelque chose à offrir. Nous devenons pertinents quand nous apportons les réponses aux besoins des gens. Aucun gouvernement ne peut offrir ce que l'église offre grâce à la puissance du Saint Esprit. Aucun politicien ne peut donner ce que l'église donne. Ni les enseignants ni les médecins ne peuvent donner ce que l'église donne. Seul Dieu peut guérir les cœurs brisés et sauver les gens. Chaque partie du monde a besoin des miracles et manifestations du Saint Esprit.

Notre pertinence en tant qu'église ne se développe pas en construisant des écoles ou des universités. Le gouvernement est celui qui est censé procurer l'éducation. Quand l'église procure l'éducation, elle doit être considérée comme ce qu'elle est vraiment : un cadeau d'amour à cette nation. Le salut de l'humanité est procuré par la croix de Jésus Christ.

Nous avons reçu la responsabilité de la Grande Commission. Aucune autre institution n'a reçu la responsabilité de cette Grande Commission. Notre pertinence vient de la prédication et de l'enseignement sur Jésus. Notre pertinence vient de la guérison des malades. Notre pertinence vient à travers les miracles et les manifestations de la puissance du Saint Esprit.

5. Les miracles et manifestations de l'Esprit attireront des âmes captives vers votre église.

Beaucoup de gens sont possédés par des démons. Un jour, j'ai vu un de mes amis qui était drogué. Je me sentis si triste. Seule la puissance de Dieu peut délivrer les gens de la drogue, de l'alcool et de l'immoralité. Beaucoup de gens sont liés. Ils ne peuvent pas se libérer. L'onction de guérison va libérer les gens de tout ce qui les tient en servitude.

Les miracles et manifestations de l'Esprit donneront de l'espoir aux femmes stériles. Il m'est arrivé de regarder un documentaire dans lequel un serpent était inséré dans une femme comme traitement contre la stérilité. Elle était allée chercher de l'aide chez un féticheur et c'est le genre d'aide qu'on lui avait donné pour lui permettre d'avoir un enfant.

Je me suis dit : « Les difficultés de la stérilité sont au-delà de la compréhension ». Nous avons tous tellement peur des serpents que nous ne voulons même pas nous en approcher quand ils sont en cage. Nous avons la chair de poule même quand nous voyons un serpent à la télévision. Voir une femme volontiers permettre qu'un serpent soit inséré dans son corps afin d'avoir un bébé montre l'étendue de son besoin.

Les gens me demandent pourquoi j'ai quitté la profession médicale pour prêcher. Ils se demandent si je fais quelque chose d'important en tant que prédicateur. Ce que je fais aujourd'hui est beaucoup plus important que de pratiquer la médecine. Si Jésus avait pu d'avantage aider le monde grâce à la médecine, Il aurait été médecin. Mais Il était prédicateur et cela veut tout dire !

Jésus a annoncé qu'Il était venu pour libérer veux qui sont meurtris. Une personne meurtrie est quelqu'un qui a mal. La vie est pleine de douleur, de souffrance et de déceptions, et l'onction de guérison de Jésus sert à guérir ceux qui souffrent et sont meurtris.

> **L'Esprit du Seigneur est sur moi, parce qu'il m'a oint pour annoncer une bonne nouvelle aux pauvres ; il m'a envoyé pour guérir ceux qui ont le cœur brisé, pour proclamer aux captifs la délivrance, et aux aveugles le recouvrement de la vue, pour renvoyer libres les opprimés.**
>
> **Luc 4:18-19**

Élisée est allé assainir les eaux d'une ville, parce qu'elles étaient mauvaises.

« Les gens de la ville dirent à Élisée : Voici, le séjour de la ville est bon, comme le voit mon seigneur; mais les eaux sont mauvaises, et le pays est stérile. Il dit : Apportez-moi un plat neuf, et mettez-y du sel. Et ils le lui apportèrent. Il alla vers la source des eaux, et il y jeta du sel, et dit: Ainsi parle

L'ÉTERNEL : J'assainis ces eaux ; il n'en proviendra plus ni mort, ni stérilité. Et les eaux furent assainies, jusqu'à ce jour, selon la parole qu'Élisée avait prononcée ». (2 Rois 2,19-22)

Quand Dieu assainit vos eaux, Il répond aux besoins fondamentaux de votre vie.

Dieu vous montre qu'il y a beaucoup de gens dans le besoin dans ce monde. Il y a des gens qui n'ont pas de traitement pour leurs maladies. Dans les pays pauvres, certaines femmes accouchent sous les arbres. C'est pourquoi nous sommes oints pour annoncer la bonne nouvelle aux pauvres.

Les pauvres de ce monde sont plus nombreux que les riches. Dieu déploie nos cœurs vers les pauvres. Vous ne pouvez pas aller vers les pauvres de ce monde et leur parler, à moins d'avoir de bonnes nouvelles. Ils veulent savoir comment l'évangile touchera concrètement leur vie. Comment peuvent-ils comprendre la doctrine de l'Évangile avec tous leurs problèmes, leurs maladies et leur extrême pauvreté ?

Nous devons prier pour plus de miracles. Nos cœurs doivent désirer plus de miracles ! Sinon nous continuerons de nous amuser dans notre petit coin pendant que les masses vont en Enfer.

6. Les miracles et manifestations de l'Esprit magnifieront Dieu dans votre ministère.

Guéris-moi, ÉTERNEL, et je serai guéri ; Sauve-moi, et je serai sauvé ; Car tu es ma gloire.

Jérémie 17:14

Jérémie cria : Guéris-moi, Seigneur et je serai guéri ! Si Dieu vous guérit, vous êtes vraiment guéri ! Si Dieu vous sauve, vous êtes vraiment sauvé ! Les méthodes de guérison de l'homme sont largement insuffisantes. Par l'onction de guérison, vous magnifierez le rôle que Dieu peut jouer dans la vie des gens.

Le fait que Dieu guérit ne signifie pas qu'Il n'approuve pas la science médicale. Dieu n'est pas contre la médecine. En fait, l'intelligence qui a été donnée aux êtres humains pour développer les médicaments vient de Dieu. Il est la source de ce don. En tant que médecin, je crois en la science médicale. Remerciez Dieu pour la science médicale et pour les médecins. Nous ne pouvons pas nous passer d'eux.

Cependant, Dieu a plus de choses en réserve pour nous que la science médicale. Il peut faire ce que la science médicale ne peut pas faire. Il fait des choses que la science médicale ne peut pas faire. Parfois, il fait des choses que la science médicale peut faire. Tout ce que nous savons, c'est qu'il fait de bonnes choses.

J'aime raconter l'histoire d'un homme qui a été sauvé pendant un tremblement de terre à San Francisco. On l'a interviewé après son expérience du tremblement de terre. Il avait survécu trois jours et trois nuits durant le tremblement de terre, sous le bâtiment et dans les décombres. On lui a demandé comment il avait pu rester en vie sous le bâtiment effondré pendant si longtemps.

Il a répondu : « J'ai une très forte volonté. Quand je décide de faire quelque chose, rien ne peut m'arrêter. Je peux tenir le cap ! Je ne dévie pas à gauche ou à droite ! J'ai une forte ténacité et volonté et j'ai donc refusé de mourir ! J'étais déterminé à vivre et je crois que c'est pour ça que je suis resté en vie ! »

On a aussi interviewé sa femme. Elle a dit : « Eh bien, je connais mon mari, et je suis son épouse depuis de nombreuses années. Il a une très forte volonté ! Quand il décide de faire quelque chose, rien ne peut le faire dévier à gauche ou à droite. Il tient ferme. Il est très tenace. Il mène ses projets à bien ! Il va de l'avant. C'est le type qui ne vacille pas, malgré les adversités. Je le connais bien ! Je suis son épouse depuis vingt-sept ans, donc quand il a décidé qu'il vivrait, il est juste resté en vie ».

On a aussi interviewé le médecin de cet homme. On lui a demandé : « Qu'avez-vous à dire sur votre patient qui a survécu à cette expérience incroyable ? ». Il a répondu: « Eh bien, je connais mon patient ; c'est un homme qui a une très forte volonté. Il a survécu parce que la volonté est très importante dans la vie d'un patient. Quand un patient décide de mourir, il meurt. Quand il décide de vivre, il vit ».

Pouvez-vous croire que huit jours plus tard, cet homme de forte volonté ait été frappé d'une crise cardiaque ? Il est mort instantanément ! Je me suis alors demandé : « Où était sa volonté ? »

Les tracteurs et des bulldozers semblaient l'avoir sauvé. Les médecins semblaient l'avoir réanimé. Mais il n'était pas vraiment sauvé. Il était en fait sur le point de mourir !

C'est pourquoi nous devons tourner nos regards vers le Seigneur et dire : « Guéris-moi, Seigneur, et je serai guéri. Sauve-moi et je serai sauvé ». C'est quand le Seigneur tendra la main pour vous guérir que vous serez vraiment guéri.

7. Les miracles et manifestations de l'Esprit promouvront grandement le Royaume de Dieu.

Guérissez les malades qui s'y trouveront, et dites-leur : Le royaume de Dieu s'est approché de vous.

Luc 10:9

L'arrivée du Royaume de Dieu est démontrée par la destruction des choses faites par le royaume du diable. C'est pourquoi Jésus a guéri les malades. Il a détruit les maladies apportées par le diable. Il a chassé les mauvais esprits qui avaient habité chez les êtres humains.

Le diable a déformé la nature, c'est pourquoi les tempêtes et tremblements de terre tuent les gens. Jésus a démontré Sa capacité à arrêter toutes ces altérations de la nature. C'est pourquoi Il a réprimandé les tempêtes et marché sur les eaux pour démontrer Sa puissance sur toutes les altérations de la nature.

Jésus a vaincu la mort afin de détruire les œuvres du diable. Il a ressuscité des morts ceux qui avaient été tués par le diable. Il a démontré que le Royaume de Dieu et le Royaume des cieux étaient en fait arrivés. C'est pourquoi Jésus a envoyé ses disciples pour aller guérir les malades et les informer que le Royaume de Dieu était arrivé. Le signe du nouveau royaume a été la destruction des œuvres du diable.

Les soixante-dix revinrent avec joie, disant : Seigneur, les démons mêmes nous sont soumis en ton nom.
Luc 10:17

8. **Les miracles et manifestations de l'Esprit libéreront de la joie dans votre ministère.**

Les soixante-dix revinrent avec joie, disant : Seigneur, les démons mêmes nous sont soumis en ton nom
Luc 10:17

Il y a beaucoup de joie quand vous voyez la puissance de Dieu se manifester. Vous commencez à être enthousiasmer. Certains ne savent pas que le royaume de Dieu est passionnant. Ils sont juste passionnés par les discothèques et les plaisirs mondains. Quand vous faites l'œuvre de Dieu à sa manière, vous ressentez une joie et un enthousiasme indescriptibles. C'est pourquoi la Bible dit que les soixante-dix revinrent avec joie. Les démons s'enfuyaient en courant quand ils priaient. Les maladies étaient guéries. L'onction de guérison est notre chance d'atteindre un certain niveau de joie et d'enthousiasme. Je crois que Dieu est en train de nous redonner cette joie.

9. **Les miracles et manifestations de l'Esprit renforceront votre ministère pastoral.**

Je suis le bon berger...
Jean 10:11

Jésus était le bon berger et le meilleur exemple d'un pasteur. Il a opéré des miracles et des manifestations puissantes du Saint Esprit. Et vous ? Êtes-vous un bon pasteur ? Vous devez être comme Jésus si vous voulez être un bon pasteur et opérer avec des manifestations puissantes de l'Esprit.

Il est difficile de rassembler une centaine de personnes dans une salle ou sous un arbre. Les gens ont des programmes intéressants à regarder à la télévision. Il y a beaucoup de choses pour divertir les gens d'aujourd'hui. Les gens ne vont pas tout simplement laisser de côté leurs plaisirs pour assister à votre service religieux ennuyeux. Les miracles et manifestations de l'Esprit sont l'occasion pour les pasteurs de rassembler des foules pour la gloire de Dieu

10. Les miracles et manifestations de l'Esprit renforceront votre ministère d'enseignement.

Les miracles et manifestations de l'Esprit feront que les gens prendront votre ministère d'enseignement plus au sérieux. Quand je suis entré en contact avec Kenneth Hagin à travers ses livres et ses cassettes, j'ai pris très au sérieux ce qu'il disait, en raison de l'élément surnaturel de son enseignement. J'ai remarqué qu'il partageait toujours beaucoup d'histoires surnaturelles quand il enseignait la Parole de Dieu. Il a écrit au sujet de ses visions et guérisons miraculeuses lors de ses réunions. Cela a développé en moi un intérêt particulier pour ses autres enseignements.

Si Dieu vous a appelé à être enseignant, l'onction de guérison est l'occasion pour votre ministère d'enseignement d'aller plus loin que vous ne l'avez jamais imaginé.

11. Les miracles et manifestations de l'Esprit vous feront voir la gloire de Dieu dans chaque aspect de votre ministère.

Jésus lui dit : Ne t'ai-je pas dit que, si tu crois, tu verras la gloire de Dieu ?

Jean 11:40

Grâce à Dieu nous avons la prédication et l'enseignement, mais l'onction de guérison est notre chance de voir la gloire de Dieu. C'est notre occasion de voir la gloire de Dieu. Jésus a dit : « Ne t'ai-je pas dit que si tu crois tu verras la gloire de Dieu ? »

Nous devons croire en Lui. Nous devons encourager les manifestations de l'Esprit. Nous devons dire : « Oui, Seigneur ». La prédication et l'enseignement font tous deux partie de la puissance de Dieu. Mais je parle de miracles maintenant. L'onction de guérison est notre chance de faire l'expérience de la gloire de Dieu.

12. Les miracles et manifestations de l'Esprit vous feront aller plus profond dans le ministère.

Un flot appelle un autre flot au bruit de tes ondées ; toutes tes vagues et tous tes flots passent sur moi
                                    Psaumes 42:7

Les miracles et manifestations de l'Esprit sont l'occasion pour vous d'aller plus profond en Dieu. Il y a des choses plus profondes en Dieu ! « Un abîme appelle un autre abîme ! »

En d'autres termes, si vous n'allez pas profond, vous ne pouvez pas atteindre les choses profondes qui sont en Dieu. Tout le monde a ses choses profondes. Si votre « profondeur » n'appelle pas ou ne parle pas, ma « profondeur » ne répondra pas.

Quand vous êtes en relation profonde avec une personne, la partie « profonde » en vous vient en avant. Mais si la conversation que nous avons est « Salut », « Au revoir » et « Bonjour », alors ma partie profonde ne viendra pas à la surface vers vous. Si vous rapportez des choses superficielles telles que des salutations et des questions sur la météo, vous recevrez des réponses tout aussi superficielles. Il y a des choses évidemment plus profondes que de poser des questions sur la famille, la météo et la date d'un enterrement.

Quand vous dites à un ami ce qui est dans votre cœur, sa partie profonde répond. C'est pourquoi la Bible dit : « Un abîme appelle un autre abîme ».

Ceux qui ont juste une relation superficielle avec Dieu ne vont pas faire l'expérience des choses profondes de Dieu. Dieu désire que votre partie plus profonde L'appelle. Il y a plus de choses en Dieu que nous ne connaissons. Il y a plus de choses en Dieu que nous ne voyons. Il y a plus de choses dans le ministère que ce que nous faisons. Il y a plus de choses dans le ministère que la simple prédication et l'enseignement.

Dieu apporte ce « plus » dans votre vie. Il y a quelque temps, pendant une relation profonde avec le Seigneur, le Seigneur me dit qu'Il m'avait donné une onction de guérison. Il me dit qu'Il allait se servir de moi dans le ministère de guérison parce qu'Il m'avait oint pour guérir les malades.

C'est pourquoi je prie pour les malades et je prêche sur les miracles. Dieu veut vous emmener plus profond ! Il veut que vous passiez aux miracles et manifestations de l'Esprit.

Chapitre 2

Comment vous pouvez développer votre ministère par des miracles et des manifestations

Vous devez fortifier votre esprit avec un ensemble de convictions qui vous stabiliseront dans votre cheminement vers la puissance du miracle. Il est très facile de s'éloigner de l'aspect du miracle du ministère. Il est également facile de commencer puis d'arrêter d'opérer dans le ministère de miracles et de manifestations de l'Esprit. Regardez autour de vous et vous verrez que peu de ministres continuent à persister dans ce genre de ministère. De nombreux ministres sont des enseignants et des prédicateurs de bonnes choses. Peu de ministres s'aventurent dans le domaine du miraculeux et du surnaturel. Sans un esprit fortifié et un ensemble puissant de convictions sur la puissance de Dieu et sa pertinence, vous n'irez pas loin avec ce genre de ministère.

Ce chapitre vous propose une série de convictions qui vous aideront à entrer et à rester dans le ministère de miracles et de manifestations du Saint Esprit. Chacune de ces convictions vous aidera à développer votre ministère par des miracles et des manifestations du Saint Esprit.

1. **Vous développerez votre ministère en croyant que celui-ci n'est validé que par des miracles et des manifestations du Saint Esprit.**

> **Hommes Israélites, écoutez ces paroles ! Jésus de Nazareth, cet homme à qui Dieu a rendu témoignage devant vous par les miracles, les prodiges et les signes qu'il a opérés par lui au milieu de vous, comme vous le savez vous-mêmes.**
>
> **Actes 2:22**

Sans penser d'une certaine façon, vous n'irez jamais de l'avant dans le ministère de miracles. Vous devez croire que les miracles, les signes et les prodiges sont le signe que Dieu approuve votre ministère ! Comment Dieu a-t-Il approuvé Jésus Christ ? Par des miracles, des signes et des prodiges ! Comment le ministère de Jésus a-t-il été validé ? Comment Jean-Baptiste savait-il que Jésus Christ était vraiment le Messie ? Jean-Baptiste reconnut Jésus Christ grâce aux miracles Qu'Il faisait. Quand Jean-Baptiste envoya un message à Jésus pour lui demander s'il était le Messie, Jésus lui répondit en disant que les aveugles voyaient, que les sourds entendaient et que les muets parlaient. Il a dit que les lépreux étaient purifiés et que les morts ressuscitaient.

Il savait que Jean-Baptiste comprendrait que les guérisons étaient le signe du Christ. Il savait que quand ce message serait remis à Jean-Baptiste, il saurait qu'une nouvelle ère avait commencé.

Les ministres de l'Ancien Testament prédirent l'onction de guérison sur Jésus, mais aucun d'entre eux n'a jamais exercé le ministère de guérison. Les miracles, les signes et les prodiges sont une véritable validation d'un ministère du Nouveau Testament qui opère dans l'onction de Jésus Christ.

2. Vous développerez votre ministère en croyant qu'un ministère fondé sur la Bible ne peut se passer de miracles et de manifestations.

Une fois que vous vous serez convaincu que les miracles et les manifestations de l'Esprit sont une partie scripturaire du ministère, ils seront inclus dans votre vie et votre ministère.

Prenez par exemple une paire de ciseaux et découpez toutes les pages et parties de la Bible qui parlent des miracles. Vous découvrirez qu'il vous reste une bible complètement différente. Les pages de la Bible sont remplies des miracles et des manifestations de l'Esprit. Dieu est un Dieu de miracles et de puissance. Vous ne pouvez pas séparer l'œuvre de Dieu de la puissance de Dieu.

Dans cet air moderne, les gens se sont peu à peu éloignés de l'aspect de la « puissance de Dieu ». Les gens ont pris du recul par rapport à ces choses et sont devenus sceptiques. En devenant de plus en plus instruits, ils se sont éloignés du surnaturel.

Malheureusement, les gens qui croient aux miracles sont considérés comme bizarres et déséquilibrés. Certains ont enseigné que ce sont les pauvres et les arriérés qui croient au pouvoir surnaturel.

La science médicale est tellement avancée que beaucoup pensent que les miracles ne sont plus nécessaires. La plupart des chrétiens n'appellent pas le pasteur pour leur imposer les mains ou les oindre d'huile quand ils sont malades. Nous allons plus naturellement voir un médecin.

Dieu n'est pas contre la médecine. Il n'est pas non plus contre le bon sens. Dieu a parfaitement conscience de l'évolution de la science médicale et du bon sens. Mais Il est le même hier, aujourd'hui et éternellement. Cela veut dire qu'Il est toujours un Jésus qui guérit, prêt et capable de faire preuve de puissance miraculeuse.

3. **Vous développerez votre ministère en vous détournant de ceux qui nient la puissance des miracles et des manifestations.**

   Sache que, dans les derniers jours, il y aura des temps difficiles. Car les hommes seront égoïstes, amis de l'argent, fanfarons, hautains, blasphémateurs, rebelles à leurs parents, ingrats, irréligieux,

> **insensibles, déloyaux, calomniateurs, intempérants, cruels, ennemis des gens de bien, traîtres, emportés, enflés d'orgueil, aimant le plaisir plus que Dieu, ayant l'apparence de la piété, MAIS RENIANT CE QUI EN FAIT LA FORCE. ÉLOIGNE-TOI DE CES HOMMES-LÀ.**
>
> 2 Timothée 3:1-5

Malheureusement, il y a des gens et des églises qui n'acceptent, ne reconnaissent, ne prêchent ni ne parlent de la puissance de Dieu. Il y a beaucoup de bons ministres qui seraient prêts à parler des bonnes vertus chrétiennes comme l'amour, la patience, etc., mais qui s'arrêtent là et ne parlent pas de la puissance de Dieu.

La Bible a averti que dans les derniers jours, il y aura des gens qui auront la piété mais sans puissance.

Selon ce passage de l'Écriture, ceux qui nient la puissance de Dieu peuvent être pieux. Ces gens-là vont prêcher l'amour de Dieu et vont exalter les vertus chrétiennes, mais ils se tairont sur la puissance de Dieu. Ils peuvent même être contre les miracles et la puissance de Dieu. Il est important que vous vous détourniez de ces gens-là si vous voulez faire l'expérience de la puissance de Dieu. Il n'est pas facile de faire des miracles en présence des railleurs et des moqueurs. La présence de gens qui doutent et remettent en question est la force neutralisante la plus grande qui tue les miracles et les manifestations du Saint Esprit. Jésus Christ ne pouvait pas faire beaucoup de miracles en présence de ceux qui remettaient en question et se moquaient. C'est pourquoi de nombreux ministres commencent par faire des miracles, mais ils finissent sans ministère de miracles. Les questions, les moqueries, les railleries et le doute des gens met fin à tout ministère de miracle.

> Quand le Sabbat fut venu, Il se mit à enseigner dans la synagogue. Beaucoup de gens qui l'entendirent étaient étonnés et disaient : D'où lui viennent ces choses ? Quelle est cette sagesse qui Lui a été donnée, et comment de tels miracles se font-ils par Ses mains ?

N'est-ce pas le charpentier, le fils de Marie, le frère de Jacques, de Joses, de Jude et de Simon ? Et Ses sœurs ne sont-elles pas ici parmi nous ? Et Il était pour eux une occasion de chute.

Mais Jésus leur dit : Un prophète n'est méprisé que dans sa patrie, parmi ses parents, et dans sa maison.

IL NE PUT FAIRE LÀ AUCUN MIRACLE, si ce n'est qu'Il imposa les mains à quelques malades et les guérit.

Marc 6:2-5

4. Vous développerez votre ministère en croyant que vous devez suivre l'exemple de Jésus Christ dans les miracles et les manifestations.

L'Esprit du Seigneur est sur moi, parce qu'il m'a oint pour annoncer une bonne nouvelle aux pauvres ; il m'a envoyé pour guérir ceux qui ont le cœur brisé, pour proclamer aux captifs la délivrance, et aux aveugles le recouvrement de la vue, pour renvoyer libres les opprimés...

Luc 4:18-19

Jésus Christ a eu le ministère le plus grand et le plus long de tous les temps. Si vous suivez Jésus Christ, votre ministère se développera mille fois plus que ce qu'il est aujourd'hui. Alors qu'est-ce que Jésus a fait exactement ? Jésus est venu dans ce monde pour sauver l'humanité. Il avait l'intention de toucher tout le monde par la bonne nouvelle.

Suivez l'exemple de Jésus et vous atteindrez vos objectifs. Vous accomplirez votre ministère ! Suivez l'exemple de Jésus et enseignez la Parole de Dieu. Souvenez-vous que la Parole de Dieu est très importante, quel que soit le style de votre ministère. Vous devez toujours enseigner et parler de la Parole de Dieu. La Bible dit que les foules venaient entendre Jésus et se faire guérir. Elles ne venaient pas seulement pour se faire guérir. Elles venaient pour L'entendre et pour se faire guérir. « Il descendit avec eux, et s'arrêta sur un plateau, où se trouvaient une foule de ses disciples et une multitude de peuple de toute la Judée, de Jérusalem, et de la contrée maritime de Tyr et de Sidon. Ils étaient venus pour l'entendre, et pour être guéris de leurs maladies ». (Luc 6,17).

> Il envoya sa parole et les guérit, il les fit échapper de la fosse.
>
> Psaume 107:20

Vous devez suivre l'exemple du ministère de Jésus. Le ministère de Jésus s'est développé jusqu'à toucher le monde entier. Il envoyait toujours la Parole en premier et la guérison suivait. Jésus Christ a prêché sur la délivrance. Nous devons prêcher sur certaines choses si nous voulons les avoir. C'est pourquoi vous devez prêcher sur la puissance de Dieu au cours des services de miracle. La Parole de Dieu est une semence. Le genre de réponse que vous obtenez dépend du genre de semences que vous semez. Vous n'obtenez pas de réponse avant de prêcher. Si je ne prêche pas sur quelque chose, je ne vais pas l'avoir.

5. Vous développerez votre ministère en décidant de marcher dans l'Onction du Nouveau Testament.

Vous devez croire dans votre cœur que les miracles et les manifestations de l'Esprit sont un don particulier pour ceux qui se trouvent sous la nouvelle alliance. Les manifestations du Saint Esprit et l'onction de guérison miraculeuse sont propres au Nouveau Testament. Il s'agit d'une onction spéciale que Dieu met à la disposition de Son église. L'onction de guérison est une onction particulière mise à la disposition de Son église.

Beaucoup de gens pensent que l'Ancien et le Nouveau Testaments ont beaucoup de miracles. Cependant, un examen plus attentif de l'Ancien Testament révélera qu'il contient très peu de miracles de guérison.

Les miracles de l'Ancien Testament étaient en rapport avec la préservation de la nation d'Israël. De tous les prophètes, Élisée fut l'un des rares à avoir jamais exercé un ministère envers quelqu'un de malade. Abraham pria aussi pour qu'Abimélec reçoive la guérison dans des circonstances particulières. Le reste des miracles de l'Ancien Testament étaient des miracles de survie en temps de guerre. Isaac, Jacob, Moïse et Élie n'ont jamais exercé de ministère de guérison envers qui que ce soit. Ésaïe et Jérémie sont venus prêcher et enseigner. La guérison ne s'est pas produite dans leurs ministères.

Les miracles et manifestations de l'Esprit sont des caractéristiques du Nouveau Testament. Marchez dans l'onction du Nouveau Testament et acceptez que vous dans l'ère du Nouveau Testament avec ses miracles, ses signes et ses prodiges.

6. Vous développerez votre ministère en croyant aux prophéties des miracles et des manifestations de la puissance.

Mais pour vous qui craignez mon nom, se lèvera le Soleil de la justice, et la guérison sera sous ses ailes ;

Malachie 4:2

Voulez-vous marcher dans l'accomplissement des prophéties ? Ou voulez-vous passer votre vie à essayer de réfuter la parole prophétique de Dieu ? Je voudrais me fondre à la volonté prophétique de Dieu.

La dernière prophétie de l'Ancien Testament fut une prophétie sur la venue de la puissance de miracle. La prophétie de la guérison fut la prophétie de clôture de l'Ancien Testament. L'Ancien Testament se termine par une prédiction de la guérison.

Le prophète Malachie a vu des centaines d'années à l'avance et a prédit que surgirait le Soleil de justice qui serait la lumière du monde. Jésus a dit : « Je suis la lumière du monde ». Mais comment pourrions-nous savoir qui est le vrai Messie ? Le prophète a dit que la guérison serait sous ses ailes ! Cela vous étonne-t-il que la caractéristique principale du ministère de Jésus ait été la guérison ? La caractéristique principale de votre ministère doit être la guérison.

7. Vous développerez votre ministère en refusant l'aide du diable.

L'Esprit du Seigneur est sur moi, parce qu'il m'a oint (ou équipé) pour annoncer une bonne nouvelle aux pauvre. Il m'a envoyé pour guérir ceux qui ont le cœur brisé, pour proclamer aux captifs la délivrance, et aux aveugles le recouvrement de la vue, pour renvoyer libres les opprimés, pour publier une année de grâce du Seigneur.

Luc 4:19

De nombreux ministères utilisent des méthodes mondaines et démoniaques pour toucher le monde.

Jésus Christ savait qu'Il avait quelque chose qui L'aiderait à sauver le monde entier. Les miracles et les manifestations du Saint Esprit ! Même le diable le savait et il a essayé de détourner le Seigneur en Lui faisant une offre. Sur le mont de la tentation, le diable a offert à Jésus une façon rapide et facile d'atteindre Son but. Le diable a dit : « Écoute, faisons une affaire. Je vais tout te donner tout de suite. Tu peux tout avoir maintenant. Il y a une façon plus rapide, plus courte et plus simple. Tu n'as pas à passer par toutes ces luttes avec les Pharisiens et les Sadducéens ».

Mais Jésus a totalement ignoré le diable et a refusé la suggestion de Satan. Il voulait l'aide du Saint Esprit et pas l'aide du diable. Jésus s'est éloigné du mont de la tentation et a immédiatement annoncé comment Il allait toucher le monde avec Son merveilleux message. Il a annoncé qu'Il avait reçu l'onction du Saint Esprit pour faire des miracles, des signes et des prodiges. Il a dit : « L'Esprit du Seigneur est sur moi, parce qu'il m'a oint (ou équipé) pour annoncer une bonne nouvelle aux pauvres. Il m'a envoyé pour guérir, pour proclamer aux captifs la délivrance, pour renvoyer libres les opprimés, pour publier une année de grâce du Seigneur ! »

Chapitre 3

Ce que chaque ministre devrait savoir sur le surnaturel

> En vérité, en vérité, je vous le dis, celui qui croit en moi fera aussi les œuvres que je fais, et il en fera de plus grandes, parce que je m'en vais au Père.
>
> **Jean 14:12**

Contrairement à ce que certains pensent, votre connaissance de la Parole de Dieu vous fera aimer le surnaturel. L'Écriture éveillera votre intérêt pour les choses surnaturelles. Ce livre traite de votre cheminement vers le surnaturel. Ce livre a pour but d'éveiller votre intérêt pour la dimension sensationnelle, dramatique et surnaturelle du Saint Esprit. L'intention de ce livre est de vous transformer de professeur ordinaire en professeur thaumaturge. En lisant ce livre, vous pouvez vous attendre à être transformé de pasteur ordinaire en pasteur thaumaturge. Peut-être que vous prêchez et enseignez la parole de Dieu depuis des années. En plus de vos bons enseignements, vous avez besoin du surnaturel et de la dimension de la puissance du Saint Esprit dans votre ministère.

Je suis devenu un chrétien né de nouveau dans la Ligue Pour la Lecture de la Bible quand j'étais dans le secondaire. Nous avons appris beaucoup de choses importantes à la Ligue Pour la Lecture de la Bible. Nous avons appris à avoir un « temps de recueillement » personnel. Nous avons appris à étudier la Bible ! Nous avons appris l'importance de la Parole de Dieu ! On nous a aussi enseigné sur l'intégrité de la Parole de Dieu.

En raison de cette fondation, j'ai dû voir les choses à la lumière de la Parole de Dieu avant de les accepter. Je n'accepte ni ne suis rien qui ne soit fondé sur la Parole. Je veux que quelque chose soit fondé sur la Bible, sinon ce n'est pas assez bon. Je suis reconnaissant envers Dieu pour cette fondation, parce qu'elle m'a vraiment aidé à entrer dans la dimension surnaturelle du ministère. Tout le monde a besoin d'aller de l'avant et de bâtir sur la fondation posée. L'Écriture est une bonne fondation, mais nous devons continuer et faire l'expérience de tout ce que Dieu nous réserve.

Sept choses que vous devez savoir sur le surnaturel

1. Une solide fondation scripturaire aide votre croyance dans le surnaturel.

Remerciez Dieu pour les Écritures ! Ce sont ces Écritures qui nous montrent la dimension surnaturelle du Christianisme. Enlevez les miracles surnaturels de la Bible, et vous vous retrouvez avec un livre sur la philosophie.

Vous ne pouvez pas éviter le surnaturel si vous étudiez la Bible. Je suis toujours surpris de voir qu'il y a des gens qui ne croient pas aux miracles et qui sont pourtant des Chrétiens engagés. S'agit-il d'un aveuglement volontaire ?

La Bible nous oriente vers un Dieu qui est Son Esprit. La Bible nous enseigne sur les anges qui ne peuvent pas être vus de façon naturelle. Le Nouveau Testament est rempli d'instructions concernant Le Saint Esprit. Malgré cela, beaucoup de chrétiens échappent aux bénédictions du surnaturel.

2. **Beaucoup de Chrétiens font des expériences surnaturelles sans s'en rendre compte.**

> **Jacob partit de Beer-Schéba, et s'en alla à Charan.**
> **Il arriva dans un lieu où il passa la nuit ; car le soleil était couché. Il y prit une pierre, dont il fit son chevet, et il se coucha dans ce lieu-là.**
> **Il eut un songe. Et voici, une échelle était appuyée sur la terre, et son sommet touchait au ciel. Et voici, les anges de Dieu montaient et descendaient par cette échelle.**
> **Et voici, l'Éternel se tenait au-dessus d'elle ; et il dit : Je suis l'Éternel, le Dieu d'Abraham, ton père, et le Dieu d'Isaac. La terre sur laquelle tu es couché, je la donnerai à toi et à ta postérité.**
> **Ta postérité sera comme la poussière de la terre; tu t'étendras à l'occident et à l'orient, au septentrion et au midi ; et toutes les familles de la terre seront bénies en toi et en ta postérité.**
> **Voici, je suis avec toi, je te garderai partout où tu iras, et je te ramènerai dans ce pays ; car je ne t'abandonnerai point, que je n'aie exécuté ce que je te dis.**

> Jacob s'éveilla de son sommeil et il dit : CERTAINEMENT, L'ÉTERNEL EST EN CE LIEU, ET MOI, JE NE LE SAVAIS PAS !
>
> **Genèse 28:10-16**

Jacob arriva à un endroit, il se fit un oreiller et se coucha. Il fit une expérience surnaturelle pendant la nuit. Quand il se réveilla le matin, il dit : « Le Seigneur était dans ce lieu, et je ne le savais pas ».

C'est le témoignage de nombreux croyants. Le Seigneur est avec eux et ils ne le savent même pas. Les anges se tiennent à leurs côtés et ils n'en sont même pas conscients. Le Saint Esprit nous parle et nous ne le savons même pas.

C'est ma prière, vous direz bientôt : « Le Seigneur était dans ce lieu et je le savais ! » Vous direz : « Le Saint Esprit était là et je L'ai senti ».

L'appel surnaturel de Samson

L'un des meilleurs exemples de discernement du surnaturel avec vos yeux et vos oreilles est dans l'apparition d'un ange à Manoach, le père de Samson. La mère de Samson était aux champs quand elle rencontra un homme. Mais l'homme qu'elle rencontra était en fait un ange ! La rencontre avec l'ange était si ordinaire que Manoach ne savait pas qu'il avait affaire à un ange. Ils continuaient de faire référence à l'ange comme à un homme de Dieu, parce que c'est ce qu'il semblait être. Pendant cette expérience surnaturelle, ils n'étaient jamais sûrs s'ils parlaient à un homme ou à un ange. En fait, Manoach demanda à l'ange son nom et son adresse, pour qu'ils puissent lui rendre hommage quand sa prophétie se réaliserait.

Combien de choses surnaturelles avons-nous vues ? Combien de visions merveilleuses que Dieu nous a données et que nous avons reléguées dans le domaine de l'ordinaire ?

Un ange de l'Éternel apparut à la femme, et lui dit : Voici, tu es stérile, et tu n'as point d'enfants ; tu deviendras enceinte, et tu enfanteras un fils.

Maintenant prends bien garde, ne bois ni vin ni liqueur forte, et ne mange rien d'impur.

Car tu vas devenir enceinte et tu enfanteras un fils. Le rasoir ne passera point sur sa tête, parce que cet enfant sera consacré à Dieu dès le ventre de sa mère ; et ce sera lui qui commencera à délivrer Israël de la main des Philistins.

La femme alla dire à son mari ; UN HOMME DE DIEU est venu vers moi, et il avait l'aspect d'UN ANGE DE DIEU, un aspect redoutable. Je ne lui ai pas demandé d'où il était, et il ne m'a pas fait connaître son nom.

Mais il m'a dit : Tu vas devenir enceinte, et tu enfanteras un fils ; et maintenant ne bois ni vin ni liqueur forte, et ne mange rien d'impur, parce que cet enfant sera consacré à Dieu dès le ventre de sa mère jusqu'au jour de sa mort.

Manoach fit cette prière à l'Éternel : Ah ! Seigneur, que L'HOMME DE DIEU que tu as envoyé vienne encore vers nous, et qu'il nous enseigne ce que nous devons faire pour l'enfant qui naîtra !

Dieu exauça la prière de Manoach, et L'ANGE DE DIEU vint encore vers la femme. Elle était assise dans un champ, et Manoach, son mari, n'était pas avec elle.

Elle courut promptement donner cette nouvelle à son mari, et lui dit : Voici, L'HOMME qui était venu l'autre jour vers moi m'EST APPARU.

Manoach se leva, suivit sa femme, ALLA VERS L'HOMME, et lui dit : EST-CE TOI qui as parlé à cette femme ? Il répondit : C'est moi.

Juges 13:3-11

Manoach dit à l'ange de L'ÉTERNEL : Permets-nous de te retenir, et de t'apprêter un chevreau.

L'ange de L'ÉTERNEL répondit à Manoach : Quand tu me retiendrais, je ne mangerais pas de ton mets ; mais si tu veux faire un holocauste, tu l'offriras à L'ÉTERNEL. MANOACH NE SAVAIT POINT QUE CE FÛT UN ANGE DE L'ÉTERNEL. Et Manoach dit à l'ange de L'ÉTERNEL : Quel est ton nom, afin que nous te rendions gloire, quand ta parole s'accomplira ?

L'ange de L'ÉTERNEL lui répondit : Pourquoi demandes-tu mon nom ? Il est merveilleux.

Manoach prit le chevreau et l'offrande, et fit un sacrifice à l'Éternel sur le rocher. Il s'opéra un prodige, pendant que Manoach et sa femme regardaient.

Comme la flamme montait de dessus l'autel vers le ciel, l'ange de L'ÉTERNEL monta dans la flamme de l'autel. À cette vue, Manoach et sa femme tombèrent la face contre terre.

Juges 13:15-20

3. Le plus grand obstacle au surnaturel est d'être « naturel ».

De façon étonnante, le plus grand obstacle au surnaturel n'est pas les démons. Le plus grand obstacle à la réception du surnaturel n'est pas le pouvoir de la sorcellerie. C'est un état naturel !

Mais L'HOMME ANIMAL NE REÇOIT PAS LES CHOSES DE L'ESPRIT DE DIEU, car elles sont une folie pour lui, et il ne peut les connaître, parce que c'est spirituellement qu'on en juge.

1 Corinthiens 2:14

La Bible dit en termes très clairs que l'homme *naturel* ne reçoit pas les choses du Saint Esprit. C'est parce qu' « elles sont une folie pour lui ». Qu'est-ce que cela signifie d'être naturel ? Être naturel veut dire être un humain normal ; un humain qui pense normalement, comme se doit tout être humain. Être naturel, c'est être logique, intelligent, savoir prévoir et analyser.

Le mot naturel parle de l'usage de toutes les facultés humaines normales. De façon étonnante, c'est une attitude « naturelle » et non une attitude « démoniaque » qui vous sépare du surnaturel.

Je n'ai rien pu recevoir à cause de mon état naturel

Il y a plusieurs années, je désirais recevoir le baptême du Saint Esprit. Je voulais faire l'expérience du baptême du Saint Esprit avec la preuve du parler en langues comme tout le monde. Parler en langues est une chose très surnaturelle.

Je me souviens être allé une fois à une réunion où les gens priaient pour recevoir Le Saint Esprit. Alors que je regardais, je me suis mis à me moquer d'eux. Les entendre parler en langues me fit rire de façon incontrôlable. Cela semblait si ridicule. Je ris si fort que je pensais avoir péché contre Le Saint Esprit.

Plus tard cette année-là, j'ai finalement décidé que le baptême du Saint Esprit était pour moi ! J'ai dit à quelques personnes que je connaissais quelqu'un en ville qui pourrait prier pour que nous recevions Le Saint Esprit. Je me souviens avoir fait tout le trajet vers la ville pour trouver un frère qui a accepté de venir prier pour nous.

Un samedi, le ministre a décidé d'assister à notre réunion et de prier pour nous. Alors que nous nous réunissions dans la salle de classe, j'étais rempli de hâte et d'espérance. Après avoir prêché sur le baptême du Saint Esprit, ce frère a prié pour tout le monde. Il a demandé à ceux qui avaient reçu Le Saint Esprit de lever la main. Je me suis alors rendu compte que presque tout le monde l'avait reçu, sauf moi !

Je n'en croyais pas mes yeux ! Je me suis dit : « J'ai organisé cette réunion. J'ai fait venir cet homme de la ville pour prier pour nous. Et pourtant, d'autres qui n'ont aucun intérêt dans Le Saint Esprit l'ont reçu ». Je n'arrivais pas à comprendre. À ma gauche et à ma droite, les gens parlaient en langues, mais je ne le pouvais pas. J'étais très découragé. L'homme de Dieu a encouragé ceux d'entre nous qui n'avaient rien reçu à continuer de prier pour Le

Saint Esprit. J'ai continué de prier pour Le Saint Esprit pendant plusieurs semaines.

Un matin, six semaines plus tard, alors que j'étais allongé sur mon lit, j'ai demandé par habitude au Seigneur de me remplir de son Esprit Saint. Avant de pouvoir m'en rendre compte, j'ai entendu une belle langue sortir de mon esprit. Je parlais en langues ! J'étais tellement heureux que je n'ai pas cessé de prier en langues pendant trois heures. J'avais peur que Le Saint Esprit s'en aille si je cessais de prier.

La question est : « Pourquoi est-ce que cela m'a pris six semaines pour recevoir Le Saint Esprit ? » La réponse est dans la Bible : l'homme naturel ne le reçoit pas ! Si vous êtes très logique, critique, analytique, charnel et que vous portez des jugements sur les autres, vous êtes naturel. Quand vous êtes naturel, vous ne pourrez ni ne recevrez les choses spirituelles.

La Bible dit que les choses surnaturelles sont une folie pour ceux qui sont naturels et charnels.

4. La clé du surnaturel est la maturité spirituelle.

Pour moi, frères, ce n'est pas comme à des hommes spirituels que j'ai pu vous parler, mais comme à des hommes charnels, comme à des enfants en Christ ».

1 Corinthiens 3:1

Vous pensiez peut-être que les gens qui croient au surnaturel sont immatures, puérils et émotionnels. Au contraire, l'opposé d'être naturel est d'être spirituel. Un chrétien véritablement mûr est une personne spirituelle et surnaturelle.

Une personne mûre connaît Dieu et Dieu est un Dieu surnaturel. Je ne parle pas de la connaissance académique de la Bible. La connaissance académique de la Bible ne vous rend pas spirituel. Comme vous le savez, beaucoup de gens étudient la Bible et la religion à l'école, et pourtant ce sont des incroyants endurcis.

Dans le passage scripturaire ci-dessus, la Bible déclare que quand les gens ne sont pas charnels ils sont spirituels.

5. La clé du surnaturel est l'usage des organes de perception.

... ceux dont le jugement est EXERCÉ PAR L'USAGE À DISCERNER ce qui est bien et ce qui est mal.
Hébreux 5:14

La Lettre aux Hébreux explique que les chrétiens mûrs sont ceux dont les sens sont exercés à discerner ou distinguer le bien du mal.

Je me suis toujours demandé ce que ce verset voulait dire. Une des lois d'interprétation de la Bible est de simplement accepter le sens littéral des mots que vous lisez. Ce verset dit simplement que les chrétiens qui deviennent mûrs ont leurs sens en alerte. Le mot « sens » est dérivé du mot grec *aistheterion*, qui signifie « organes de perception ».

Dieu vous a donné des organes de perception. Vous êtes tenus d'utiliser ces organes de perception pour opérer dans cette vie. Ici, la Bible nous donne une révélation supplémentaire mais très importante. Elle nous dit que ces organes de perception peuvent également être utilisés pour détecter ou discerner les choses spirituelles. Par conséquent, certaines de vos pensées ou de vos sentiments sont en fait des choses surnaturelles. Si votre cœur est endurci, vous ne pourrez jamais faire la distinction entre les pensées, les sentiments ou les sensations naturelles et surnaturelles que vous avez. Si vous n'êtes pas mûr, vous verrez, mais vous ne reconnaîtrez pas ! Vous entendrez, mais vous n'interpréterez pas correctement ! Vous sentirez, mais vous pourrez peut-être même penser que vous êtes charnel. Un jeune homme naturel peut voir une dame et penser qu'il est attiré par elle. Une autre personne qui est sensible au Saint Esprit reconnaîtra que son attraction est en fait une révélation qu'il regarde une « femme étrange et mauvaise ». Les hommes qui ne sont pas sensibles à l'Esprit peuvent en fait aller de l'avant et épouser la personne même contre qui l'Esprit les met en garde !

Quand Samuel était un jeune homme, il pensait que la voix qu'il entendait était la voix d'un homme. Mais quand il mûrit spirituellement et eut un peu d'entraînement, il sut que la voix de l'homme était en fait la voix de l'Esprit.

Remarquez ce que Jésus a dit sur les yeux et les oreilles des gens. Il a dit qu'ils pouvaient voir mais qu'ils ne voyaient pas vraiment. Il a dit qu'ils pouvaient entendre mais ils n'entendaient pas vraiment !

Qu'est-ce que Jésus a dit sur les organes de perception ?

Quels sont les organes de perception? Ce sont les yeux pour la vue, les oreilles pour l'ouïe, le nez pour l'odorat, la peau pour le toucher et la langue pour le goût. Si nous acceptons ce passage scripturaire à sa juste valeur, alors il nous dit que nous pouvons nous servir de nos yeux et de nos oreilles, s'ils sont spirituels, pour discerner entre les bonnes et les mauvaises choses.

> **C'est pourquoi je leur parle en paraboles, parce qu'en voyant ils ne voient point, et qu'en entendant ils n'entendent ni ne comprennent.**
> **Et pour eux s'accomplit cette prophétie d'Ésaïe : Vous entendrez de vos oreilles, et vous ne comprendrez point ; vous regarderez de vos yeux, et vous ne verrez point.**
> **Car le cœur de ce peuple est devenu insensible ; ils ont endurci leurs oreilles, et ils ont fermé leurs yeux, de peur qu'ils ne voient de leurs yeux, qu'ils n'entendent de leurs oreilles, qu'ils ne comprennent de leur cœur, qu'ils ne se convertissent, et que je ne les guérisse.**
> **Mais HEUREUX SONT VOS YEUX, parce qu'ils voient, ET VOS OREILLES, parce qu'elles entendent !**
> **Je vous le dis en vérité, beaucoup de prophètes et de justes ont désiré voir ce que vous voyez, et ne l'ont**

pas vu, entendre ce que vous entendez, et ne l'ont pas entendu.

Matthieu 13:13-17

Jésus a fait de nombreuses déclarations étonnantes. Il dit : « Heureux sont vos yeux et vos oreilles ». Qu'est-ce que cela veut dire ? *Jésus parlait de leurs organes de perception (aistheterion).*

Jésus venait juste de terminer de les enseigner sur la Parole de Dieu, et pourtant beaucoup ne pouvaient pas comprendre ce qu'Il disait. Quand Il dit : « Heureux sont vos yeux », Il voulait dire : heureux sont vos yeux parce qu'ils voient des visions, des révélations et le surnaturel. Quand Il dit : « Heureux sont vos oreilles », Il voulait dire qu'ils entendaient un peu plus. Ils entendaient peut-être la voix du Saint Esprit et la voix de Dieu. Certains ont même pu entendre la voix des anges !

À un autre point du passage, Jésus dit que le cœur des gens s'était endurci. Le mot « cœur » vient du mot grec « *kardia* », qui signifie pensées et sentiments. Leurs pensées et leurs sentiments, qui sont des organes de perception, étaient devenus bruts (ternes, stupides, gras et inattentifs).

Le surnaturel passe par vos organes de perception

C'est la révélation principale que je veux que vous compreniez. *Le surnaturel opère par vos yeux, vos oreilles, vos pensées et vos sentiments.*

Certaines des pensées qui vous viennent à l'esprit sont de Dieu. Elles sont la voix de Dieu qui veut vous orienter. Jésus a dit clairement que Le Saint Esprit servirait les chrétiens à travers leurs esprits.

Mais le Consolateur, Le Saint Esprit, que le Père enverra en mon nom, vous enseignera toutes choses,

et **VOUS RAPPELLERA [à l'esprit]** tout ce que je vous ai dit.

Jean 14:26

« Dieu m'a parlé… »

Ce passage de l'Écriture dit que Le Saint Esprit apporte des choses à l'esprit. Vous avez peut-être entendu des grands hommes de Dieu dire : « Dieu m'a parlé », ou certains évangélistes puissants dire : « L'Esprit de Dieu m'a dit quelque chose hier soir ». Je suis sûr que vous vous êtes demandé, comme moi, si Dieu « vivait » physiquement chez ces hommes de Dieu. Dieu semble leur parler tout le temps, mais jamais à moi. Ils disent toujours : « Dieu m'a parlé ».

Mais Jésus a dit que Le Saint Esprit apporterait des choses à l'esprit. Toutefois, si votre cœur (*kardia* - pensées et sentiments) est endurci (gras, stupide, terne et inattentif), vous ne saurez jamais quand Le Saint Esprit parle à votre esprit. Vous ne saurez pas la différence entre vos propres pensées et celles du Saint Esprit.

6. Vous passerez à côté du surnaturel si vous ne recherchez que le spectaculaire.

Apprenez quelque chose ici ! **Le surnaturel n'est pas toujours sensationnel, dramatique ou spectaculaire.** Le surnaturel concerne des choses qui ne sont pas naturelles. Mon expérience du surnaturel est que Dieu se sert de mes organes de perception, de mes sentiments, de mes pensées, de ma vue et de mon ouïe. Il en fera de même pour vous. Ce n'est peut-être pas spectaculaire ou excitant, mais c'est certainement surnaturel.

Le surnaturel est souvent confondu avec le naturel. À cause de cela, nous passons à côté du surnaturel et nous ne nous en rendons même pas compte. Vous rappelez-vous l'appel du Prophète Samuel ?

Le jeune Samuel servait dans le temple de Dieu. Après s'être couché pour la nuit, il entendit une voix. La voix ressemblait tellement à **la voix de son pasteur qu'il se leva immédiatement et alla voir le pasteur Élie.** Le prophète Élie dit : « Je ne t'ai pas appelé, retourne te coucher ». Il entendit cette voix même surnaturelle trois fois et pensait qu'il entendait une voix humaine.

> **... Samuel était couché dans le temple de l'Éternel ; Alors l'Éternel appela Samuel. Il répondit : Me voici ! L'Éternel appela de nouveau Samuel. ...L'Éternel appela de nouveau Samuel, pour la troisième fois...**
>
> **1 Samuel 3:3-4.6.8**

Si la voix surnaturelle n'était pas semblable à une voix naturelle, alors pourquoi Samuel aurait-il fait trois fois la même erreur ? C'est Éli, le prophète expérimenté, qui a guidé Samuel et l'a aidé à recevoir le surnaturel.

> **Et Éli dit à Samuel : Va, couche-toi ; et si l'on t'appelle, tu diras : Parle, Éternel, car ton serviteur écoute. Et Samuel alla se coucher à sa place. L'Éternel vint et se présenta, et il appela comme les autres fois : Samuel, Samuel ! Et Samuel répondit : Parle, car ton serviteur écoute.**
>
> **1 Samuel 3:9-10**

7. **Beaucoup sont appelés d'une façon ordinaire, peu sont appelés d'une façon spectaculaire, mais tous sont appelés d'une façon surnaturelle.**

> **Car il y a BEAUCOUP D'APPELÉS, mais peu d'élus.**
>
> **Matthieu 22:14**

L'appel de Dieu sur ma vie a tout simplement été une conviction. La conviction de Le servir. La conviction de faire de mon mieux. La conviction d'obéir aux désirs qu'Il a mis dans mon cœur. La Bible est vraie quand elle dit que beaucoup sont appelés. Beaucoup, beaucoup, beaucoup de gens sont appelés.

Je suis dans le ministère depuis de nombreuses années. Dieu s'est servi de moi pour faire beaucoup de choses pour lesquelles je suis reconnaissant. Vous êtes par exemple en train de lire un livre que j'ai écrit. Cela seul devrait vous dire que Dieu se sert de moi dans une certaine mesure. Cependant, je n'ai pas fait l'expérience du tonnerre ou de la foudre et je n'ai pas vu Jésus en personne. Mais je crois que j'ai un ministère très surnaturel.

Les choses que je fais et que j'ai pu accomplir ont été orchestrées de façon divine et surnaturelle.

Beaucoup de gens ne respectent pas les visions qu'ils voient. Beaucoup font des rêves auxquels ils ne prêtent pas attention. Paul a dit : j'obéis à la vision céleste. Une nuit, Dieu m'a parlé et m'a dit : « Respecte tes rêves ». J'ai dit au Seigneur : « Mais je ne fais pas de rêves spectaculaires ! »

Le Seigneur m'a dit de regarder dans le livre de Daniel. J'ai donc ouvert ma Bible et Il m'a montré que même le roi Nabuchodonosor, un non-croyant, respectait grandement ses rêves. En conséquence, il put recevoir une instruction du Seigneur.

Son rêve révéla un grand arbre coupé. Si vous faisiez un rêve où vous voyiez juste un arbre, y feriez-vous attention ? Probablement pas ! Vous feriez peut-être plus attention à un rêve où des vaches sont à vos trousses, des oiseaux volent et des serpents apparaissent partout.

Comment Élie a-t-il fait l'expérience du surnaturel ? Il a fait l'expérience du surnaturel dans un murmure doux et léger. Dieu n'était ni dans le tremblement de terre, ni dans le vent ou le feu.

L'Éternel dit : Sors, et tiens-toi dans la montagne devant l'Éternel ! Et voici, l'Éternel passa. Et devant l'Éternel, il y eut un vent fort et violent qui déchirait les montagnes et brisait les rochers: l'Éternel n'était pas dans le vent. Et après le vent, ce fut un tremblement de terre : l'Éternel n'était pas dans le tremblement de terre. Et après le tremblement de terre, un feu : l'Éternel n'était pas dans le feu. Et après le feu, UN MURMURE DOUX ET LÉGER.
1 Rois 19:11-12

Chapitre 4

Comment coopérer avec le surnaturel

> Là se trouvait un homme malade depuis trente-huit ans. Jésus, l'ayant vu couché, et sachant qu'il était malade depuis longtemps, lui dit : Veux-tu être guéri?
> Le malade lui répondit : Seigneur, je n'ai personne pour me jeter dans la piscine quand l'eau est agitée, et, pendant que j'y vais, un autre descend avant moi.
> Lève-toi, lui dit Jésus, prends ton lit, et marche.
> Aussitôt cet homme fut guéri; il prit son lit, et marcha. C'était un jour de sabbat.
>
> **Jean 5:5-9**

L'histoire de la guérison du paralytique nous prouve que Jésus n'a pas cherché à faire des choses surnaturelles à moins de voir que Dieu les faisait.

Jésus s'est rendu à la piscine de Béthesda et a rencontré un homme qui y avait été depuis trente-huit ans. Cet homme avait été à la piscine pendant tout ce temps parce qu'il n'avait pas d'infirmières pour l'aider.

J'ai vu un jour une situation similaire dans un hôpital. Il y avait un homme qui avait eu un accident ; il avait la hanche cassée et ne pouvait pas marcher. Il avait besoin de subir une intervention chirurgicale, mais cet homme ne connaissait personne qui puisse l'aider. Il n'était pas riche. Il n'était pas non plus quelqu'un d'important. Donc à chaque fois que son opération était planifiée, quelqu'un d'autre prenait sa place.

Cet homme continuait de rester sur le lit, même si son cas exigeait une opération immédiate ! Finalement, un an plus tard, il eut son opération, trop tard pour être efficace. Il était exactement comme l'homme de la piscine de Béthesda qui n'avait personne pour l'aider. Jésus choisit de guérir cet homme et d'ignorer tous les autres. Il y avait là un grand nombre de personnes très malades. Voulait-Il toutes les guérir ? Les a-t-Il toutes guéries ? A-t-il essayé de les aligner et de s'occuper d'eux ? La réponse est « non ». Jésus a tout simplement ignoré le grand nombre de malades autour de Lui et s'en est occupé que d'un seul.

Pourquoi Jésus n'en a-t-Il guéri qu'un seul ? Comment a-t-Il sélectionné cet homme dans la foule ? Il a suivi l'apparence visible de l'Esprit Saint. Jésus n'a parlé à aucun des malades. Voyant cet homme et connaissant soudain un peu sa situation, il était clair que cet homme intéressait Dieu. Nous dirions probablement que Jésus eut une « parole de connaissance » de cet homme.

Les charnels et les infidèles diraient que Jésus a juste guéri la première personne qu'Il a vu. Cependant, la personne spirituelle n'opère pas par hasard ou au petit bonheur la chance. Elle sait que Dieu est à l'œuvre, même dans ses pensées.

Dès que Jésus vit et sut quelque chose sur cet homme, Il crut que Dieu Le conduisait vers cet homme pour l'aider.

Six clés pour coopérer avec le surnaturel

1. **Agissez seulement quand vous voyez le Père agir.**

   Mais Jésus leur répondit : Mon Père agit jusqu'à présent ; moi aussi, j'agis.

   Jean 5:17

   La clé pour vous aligner sur Dieu est de suivre l'Esprit Saint. La clé pour suivre l'Esprit Saint est de regarder ce qu'Il fait et où Il le fait. En d'autres termes, Jésus disait : « Si je vois mon Père à l'œuvre, je vais passer à l'action et agir. Si je vois mon Père servir quelqu'un, alors je vais le servir ».

   Jésus reprit donc la parole, et leur dit : En vérité, en vérité, je vous le dis, le Fils ne peut rien faire de lui-même, il ne fait que ce qu'il voit faire au Père ; et tout ce que le Père fait, le Fils aussi le fait pareillement.

   Jean 5:19

   Jésus limita Son ministère à ce qu'Il voyait le Père faire. Contrairement à certains d'entre nous, qui voulons prier pour tout le monde et guérir tout le monde, Jésus s'est limité à ne faire que ce que Son père faisait. Jésus savait qu'Il pouvait mieux accomplir les desseins de Dieu en limitant ses activités à ce que le Père faisait.

   Jésus ne se sentait pas gêné qu'une seule personne soit guérie. Jésus n'était pas gêné par le fait que les gens puissent penser : « Il n'y a pas eu beaucoup de miracles aujourd'hui ». Jésus ne se souciait pas de savoir si les gens pensaient qu'Il était puissant ou non. Si Son père voulait un miracle, Il n'en faisait pas plus d'un.

2. **Attendez de voir le Père agir.**

   Car le Père aime le Fils, et lui montre tout ce qu'il fait ; et il lui montrera des œuvres plus grandes que celles-ci, afin que vous soyez dans l'étonnement.

   Jean 5:20

Soyez patient ! Ne vous précipitez pas ! Je dois attendre de voir mon Père me montrer Ses miracles et Ses œuvres. Quand Dieu vous aime, Il vous montre ce qu'Il fait. Quand Dieu vous aime, Il vous montre qui Il guérit et touche. Si vous n'attendez pas de voir ce que le Père fait, vous trébucherez dans l'obscurité et ferez face à des choses qui ne marchent pas.

Vous trouverez parfois quelque chose qui marche. Mais la plupart du temps, vous brasserez de l'air et suerez pour rien.

Vous ne pouvez rien avant que Dieu ne le fasse. S'Il ne fait pas grandir votre église, vous ne pouvez pas la faire grandir vous-même. S'Il ne vous guérit pas, vous ne pouvez pas être guéri. S'Il ne vous délivre pas, vous ne pouvez pas être délivré. Dieu ne fait pas tout pour tout le monde.

Dieu est toujours en train de faire quelque chose en particulier. Nous devons attendre et voir ce que Dieu fait. Nous devons être patients! Nous devons suivre le flot de ce qu'Il fait. Nous devons nous éloigner de ce qu'Il ne fait pas !

3. Acceptez et suivez les manifestations de guérison.

Les guérisons sont une manifestation particulière de l'Esprit. C'est la manifestation qui marque la nouvelle alliance. Les gens peuvent faire semblant de pleurer, de crier, de trembler et d'être secoué. Mais personne ne peut faire semblant de guérir. Les gens sont ou guéris ou ne le sont pas. Suivre l'apparence visible de l'Esprit est la grande clé du succès d'un ministère de guérison. Suivez les apparences visibles de l'Esprit Saint. C'est la clé du ministère de guérison : priez pour ceux que Dieu guérit. Évitez de prier pour les gens que Dieu ne guérit pas. Tous vos échecs passés dans le ministère peuvent être attribués au fait que vous faisiez des choses que Dieu ne faisait pas. À chaque fois que nous prions pour quelqu'un que Dieu ne touche pas, on a l'impression que la puissance de Dieu n'est pas là. On a l'impression qu'il n'y a pas d'onction. Les ministres qui ont le plus de succès sont ceux qui suivent strictement l'Esprit Saint.

Je me souviens d'avoir prié pour une femme de vingt-cinq ans qui se mourait à l'hôpital. Je savais que Dieu l'aimait et ne la laisserait jamais mourir à cet âge. Malheureusement, elle mourut malgré mes prières fortes et ferventes pour elle. Ce fut une expérience déroutante pour moi, parce que cette femme était une chrétienne fidèle de longue date et elle aimait Dieu de toutes ses forces. Pourtant, elle mourut dans la fleur de sa vie, laissant derrière elle un mari et un enfant.

Pourquoi Dieu fait-Il des miracles apparemment insignifiants dans un service de miracle, quand il y a des gens vraiment malades qui ont absolument besoin de guérison ? Ce sont ces questions déroutantes qui ont fait beaucoup de grands évangélistes de guérison remettre en question le ministère de guérison et finalement le cesser.

4. Acceptez et suivez les dix-huit manifestations de l'Esprit.

La clé du succès du ministère de l'Esprit est de surveiller ce que Dieu fait. Si vous voyez Dieu visiblement toucher quelqu'un, alors il vous suffit aussi de le toucher. Vous devez accepter quand Dieu exerce son ministère envers quelqu'un qui commence à être secoué, à trembler, à crier ou à pleurer ! Observez si les gens sont guéris ! Observez si les gens tombent sous la puissance ! Observez s'il y a des prophéties ! Si l'Esprit vous montre qu'Il touche quelqu'un, touchez cette personne. Ignorez tous les autres ! C'est la grande clé du succès du ministère de l'Esprit.

Il est important d'accepter ce que Dieu fait et de suivre le flot. Si vous vous coulez dans le mouvement de Dieu, Il sera avec vous. Si vous vous battez contre ce qu'Il fait, vous ne réussirez jamais. Après des années de marche avec le Seigneur, j'ai tout simplement perdu toute confiance dans ma capacité à faire mon propre truc. Je dois juste Lui faire confiance et faire ce qu'Il veut faire.

En fin de compte, nous appartenons à Dieu. Nous pouvons seulement faire ce qu'Il fait.

Mais que, professant la vérité dans la charité, nous croissions à tous égards en celui qui est le chef, Christ.
Éphésiens 4:15

Nous devons grandir en Lui en toutes choses. Cela veut dire que nous devons grandir dans les guérisons, les miracles et les manifestations de l'Esprit Saint. Nous devons grandir dans notre compréhension de l'administration de l'Esprit. Nous devons grandir en Lui dans les actions et les mouvements de l'Esprit.

5. Acceptez et suivez ceux dont l'Esprit se sert.

Malheureusement, le Seigneur n'est pas aussi prévisible que nous le voudrions. Les humains aiment les choses prévisibles. Nous voulons pouvoir dire : « Voilà ce que Dieu va faire ! » Nous voulons pouvoir dire : « Demain, Dieu va guérir cette personne ». Nous désirons pouvoir prédire si Dieu va se servir de ce jeune homme et non de cet autre. Cependant, la plupart du temps, nous nous trompons. Dieu ne rentre pas dans le cadre de nos stéréotypes.

Vous ne pouvez jamais dire de quoi Dieu va se servir. Vous pouvez difficilement dire si Dieu va guérir quelqu'un ou non. Il est très difficile de dire si cette personne va vivre longtemps ou non. Personne ne peut dire si Dieu va se servir du fils du pasteur ou d'un étranger de n'importe où. J'ai vu des grandes familles où les parents ont prédit lequel de leurs fils serait prêtre. Ils ont aussi prédit lequel de leurs fils serait un homme d'affaires méchant. De façon étonnante, l'homme méchant est devenu prêtre et le prêtre est devenu quelque chose d'autre.

Selon qu'il est écrit : J'ai aimé Jacob et j'ai haï Ésaü.
Romains 9:13

C'est un passage de l'Écriture qui déroute beaucoup de gens. Nous luttons avec le fait que Dieu choisisse un voleur et un escroc. Pourquoi Dieu laisserait-Il le premier-né, décent, qui réjouit son père, et le remplacerait-Il par cet escroc ?

Alignez-vous avec Dieu

On ne peut pas prédire Dieu ni Le stéréotyper ! Ce que nous devons savoir et comprendre, c'est « Qu'est-ce que Dieu fait à ce moment précis ? » C'est souvent différent de ce que nous attendons de Dieu. Il y aura plus de miracles, plus de succès et plus de victoires quand nous nous mettrons à marcher avec Dieu. Après tout, c'est Dieu qui fera le travail. C'est Dieu qui va construire l'Église. C'est Dieu qui va vous faire réussir. La Bible le dit clairement : le Dieu qui vous a appelé est celui qui va *réellement* agir.

> **Celui qui vous a appelés est fidèle, et c'est lui qui le fera.**
>
> **1 Thessaloniciens 5:24**

6. Acceptez et suivez ce que Dieu fait dans les églises.

L'une des clés du succès de l'implantation et de la croissance d'une église est d'implanter votre église où Dieu est visiblement à l'œuvre avec les églises. Votre nouvelle église est susceptible de marcher dans une ville où Dieu est visiblement en train de construire des églises. Une ville dans laquelle s'épanouissent de grandes églises est une ville où l'Esprit Saint est visiblement en train de faire croître des églises. Une église ne se développera jamais sans la puissance de l'Esprit Saint à l'œuvre.

Chapitre 5

Les quatre lois des miracles et des manifestations

Chaque domaine d'activité a ses règles et ses lois. Vous devez apprendre les règles de miracles et manifestations de l'Esprit si vous désirez les utiliser. La manière dont Dieu fait les choses est parfois différente de ce que nous aimerions qu'Il fasse.

> **Car mes pensées ne sont pas vos pensées, et vos voies ne sont pas mes voies, dit l'Éternel. Autant les cieux sont élevés au-dessus de la terre, autant mes voies sont élevées au-dessus de vos voies, et mes pensées au-dessus de vos pensées.**
> **Ésaïe 55:8-9**

La guérison surnaturelle est différente de la guérison naturelle. L'une des plus grandes questions que se posent tous les ministères de miracle est : « Pourquoi tout le monde n'est pas guéri ? » Une autre question est : « Pourquoi certaines personnes semblent avoir toutes les bénédictions alors que d'autres n'ont aucune bénédiction ? »

La présence de ces questions dans votre esprit peut vous empêcher de faire l'expérience du surnaturel. Souvenez-vous qu'il y avait des questions dans l'esprit des gens dans la ville natale de Jésus. Ils s'interrogeaient sur Ses antécédents ainsi que sur la source de Sa puissance. D'une manière générale, ils remettaient en question la validité de Son ministère.

1. La loi de la sélection divine

Le surnaturel opère par la loi de la sélection divine. Jésus a parlé de cette loi dans l'évangile de Luc. Il a dit qu'il y avait beaucoup de veuves du temps du prophète Élie, mais qu'une seule veuve a reçu un miracle. Dieu connaît la souffrance des masses et il s'en soucie. Il me semble que quand Dieu exerce son ministère, il choisit parmi les masses et s'occupe de certains.

Il y avait des centaines de lépreux malades et mourants du temps de Naaman le Syrien. Jésus a parlé aussi de la façon dont Naaman fut divinement choisi pour un miracle.

> **Je vous le dis en vérité : il y avait plusieurs veuves en Israël du temps d'Élie, lorsque le ciel fut fermé trois ans et six mois et qu'il y eut une grande famine sur toute la terre ; et cependant Élie ne fut envoyé vers aucune d'elles, si ce n'est vers une femme veuve, à Sarepta, dans le pays de Sidon. Il y avait aussi plusieurs lépreux en Israël du temps d'Élisée, le prophète ; et cependant aucun d'eux ne fut purifié, si ce n'est Naaman le Syrien.**
>
> **Luc 4:25-27**

C'est par ce même principe que l'homme à la piscine de Bethesda fut guéri. Certains diront peut-être que c'était à cause de sa foi. D'autres diront que c'était à cause de l'onction de l'homme de Dieu. Je dirais simplement qu'il y a une loi de sélection divine. Nous ne comprenons pas tout. Personne ne comprend tout ! La Bible dit que nous voyons au moyen d'un miroir, d'une manière obscure. Nous ne savons ni ne voyons tout.

Aujourd'hui NOUS VOYONS AU MOYEN D'UN MIROIR, D'UNE MANIÈRE OBSCURE, mais alors

nous verrons face à face ; aujourd'hui je connais en partie, mais alors je connaîtrai comme j'ai été connu.
1 Corinthiens 13:12

« Pourquoi alors les pasteurs prêchent-ils comme si tout le monde allait être guéri ? » Les gens demandent : « Pourquoi les évangélistes éveillent-ils des espoirs quand les gens ne seront peut-être pas guéris ? »

Mon cher ami, il n'y a pas d'autre moyen de susciter la foi des gens que de vous lever avec audace et de parler avec foi. Tout pasteur qui commence son sermon en disant : « Certains ne seront pas bénis dans ce service de miracle », ne suscite la foi des gens.

Si vous voulez des miracles, vous devez prêcher la foi. Si vous voulez la puissance de Dieu, vous devez prêcher sur la puissance de Dieu. Jésus a prêché sur l'onction. Il a dit : « L'Esprit du Seigneur est sur moi ». Il a parlé de la façon dont Dieu l'avait oint. Si vous prêchez sur l'onction, l'onction coulera. Si vous parlez de la guérison, la guérison se produira. La foi vient de ce qu'on entend et ce qu'on entend vient de la Parole. Si vous prêchez le doute, vous n'obtiendrez rien.

Ainsi la foi vient de ce qu'on entend, et ce qu'on entend vient de la parole de Christ.
Romains 10.17

En tant que pasteur, je prie pour les miracles et les avancées pour mon peuple. Un jour, j'ai prié pour un groupe de femmes qui n'arrivaient pas à voir d'enfants. Certaines devinrent enceintes et eurent des enfants. J'ai prié avec insistance pour certaines, mais elles ne pouvaient toujours pas en avoir. De façon étonnante, certaines qui avaient déjà des enfants furent bénies et eurent encore plus d'enfants.

Je me demandais : « Oh mon Dieu ! Pourquoi est-ce que tu ne partages pas cela de façon égale ? Plusieurs n'ont pas d'enfants du tout. Pourquoi est-ce que tu ne réponds pas à nos prières et ne donnes pas à chacune au moins un enfant ? » Jésus a été très clair dans son sermon. Il y a beaucoup de malades comme Naaman qui ont besoin d'aide. Il y a beaucoup plus de pauvres que la veuve de Sarepta qui ont besoin d'un miracle financier. Mais Dieu aura sa propre façon de s'occuper d'eux.

Quand il s'agit de la décision surnaturelle du Saint Esprit, souvent vous ne pouvez pas dire ce que Dieu va faire. Nous savons qu'Il va faire quelque chose. Mais nous ne savons pas toujours pour *qui* Il veut le faire ni *pourquoi*.

2. La loi de l'humilité

La femme avec la perte de sang avait beaucoup souffert.

Or, il y avait une femme atteinte d'une perte de sang depuis douze ans. Elle AVAIT BEAUCOUP SOUFFERT entre les mains de plusieurs médecins, elle avait dépensé tout ce qu'elle possédait, et elle n'avait éprouvé aucun soulagement, mais était allée plutôt en empirant.

Marc 5:25-26

Elle saignait depuis douze ans. Elle avait souffert entre les mains de plusieurs médecins. Elle avait été maintes et maintes fois humiliée dans différents hôpitaux.

Au moment où cette femme vint à Jésus, elle n'avait pas confiance en elle-même. Elle n'avait aucun espoir en l'homme. Elle n'avait pas confiance dans la médecine humaine. Elle avait été complètement adoucie par les expériences de la vie. Cela l'avait rendue humble et ouverte pour recevoir. Dieu résiste aux orgueilleux, mais il fait grâce aux humbles. Dieu donne des miracles et des bénédictions aux humbles.

Quand vous êtes fier, vous ne le savez souvent pas. Les expériences de la vie peuvent vous calmer et vous permettre de commencer à faire confiance à la grâce de Dieu. Ne vous inquiétez pas des moments difficiles que vous traversez. Vous êtes peut-être sur la voie de l'humilité. Dieu est en train de briser votre résistance. Il vous amène à être prêt et ouvert pour recevoir la grâce. Votre jour de miracle à l'horizon.

Cette femme ne voulait même pas rencontrer Jésus. Tout ce qu'elle voulait faire était de toucher le bord de Son vêtement. Ça c'est de l'humilité ! Humiliez-vous sous le regard de Dieu et Il vous élèvera !

> **Humiliez-vous donc sous la puissante main de Dieu, afin qu'il vous élève au temps convenable.**
> **1 Pierre 5:6**

3. La loi des services répétés.

Si Dieu exerce son ministère envers vous, ne devriez-vous pas recouvrer la santé de façon instantanée ? C'est ce à quoi je m'attendrais. Cependant, il est souvent nécessaire d'avoir des services répétés et prolongés pour la même personne. Vous verrez cette loi à l'œuvre à plusieurs reprises dans la Bible.

Pourquoi a-t-on demandé à Naaman de se plonger *sept fois* dans le Jourdain ? Il dut se baigner sept fois dans le même fleuve. La question est : pourquoi pas une seule fois ? Pourquoi pas trois fois ? Pourquoi pas six fois ? La réponse est : « Je ne sais pas ». Dieu a décidé de bénir Naaman après le septième service.

> **Élisée lui fit dire par un messager : Va, et lave-toi sept fois dans le Jourdain ; ta chair deviendra saine, et tu seras pur... Il descendit alors et se plongea SEPT fois dans le Jourdain, selon la parole de l'homme de Dieu ; et sa chair redevint comme la chair d'un jeune enfant, et il fut pur.**
> **2 Rois 5:10.14**

Élie pria pour la pluie à *sept reprises*. À sept reprises différentes, il envoya son assistant à regarder les nuages.

> **... Mais Élie monta au sommet du Carmel ; et, se penchant contre terre, il mit son visage entre ses genoux, et dit à son serviteur : Monte, regarde du côté**

de la mer. Le serviteur monta, il regarda, et dit : Il n'y a rien. Élie dit SEPT FOIS: Retourne.

1 Rois 18:42-43

Il n'y eut aucun signe de pluie avant la *septième prière*.

À la SEPTIÈME FOIS, il dit : Voici un petit nuage qui s'élève de la mer, et qui est comme la paume de la main d'un homme...

1 Rois 18:44

Votre miracle peut apparaître après plusieurs services. Ne vous fatiguez pas que l'on prie pour vous à plusieurs reprises. De grand hommes durent prier sept fois et ne furent pas en colère contre Dieu. Ne soyez pas en colère contre Dieu parce que vous devez prier plusieurs fois pour la même chose. Ne développez-pas un esprit et une attitude amers !

Quand Élie pria pour un garçon mort, il dut prier *trois fois*.

Et il s'étendit TROIS FOIS sur l'enfant, invoqua l'Éternel, et dit : Éternel, mon Dieu, je t'en prie, que l'âme de cet enfant revienne au dedans de lui ! L'Éternel écouta la voix d'Élie, et l'âme de l'enfant revint au dedans de lui, et il fut rendu à la vie.

1 Rois 17:21-22

Il s'étendit sur le garçon à trois reprises et pria. Est-ce juste un rituel mystique ? Non ! C'est la loi des services prolongés et répétés à l'œuvre.

Vous souvenez-vous quand Joshua conduisit le peuple de Dieu autour des murs de Jéricho ? Ils firent la plus grande avancée de leur vie. Mais cela n'arriva qu'après le septième tour du service.

À la SEPTIÈME fois, comme les sacrificateurs sonnaient des trompettes, Josué dit au peuple : Poussez des cris, car l'Éternel vous a livré la ville ! Le peuple poussa des cris, et les sacrificateurs sonnèrent des trompettes... et la muraille s'écroula...

Josué 6:16.20

Continuez votre service prolongé. Vous devez peut-être oindre quelqu'un sept fois avant que son miracle arrive.

Jésus pria deux fois pour un aveugle.

Ils se rendirent à Bethsaïda ; et on amena vers Jésus un aveugle, qu'on le pria de toucher. Il prit l'aveugle par la main, et le conduisit hors du village ; puis il lui mit de la salive sur les yeux, lui imposa les mains, et lui demanda s'il voyait quelque chose. Il regarda, et dit : J'aperçois les hommes, mais j'en vois comme des arbres, et qui marchent. JÉSUS LUI MIT DE NOUVEAU LES MAINS SUR LES YEUX ; et, quand l'aveugle regarda fixement, il fut guéri, et vit tout distinctement.

Marc 8:22-25

Après le premier service, il voyait les hommes comme des arbres. Même Jésus dut exercer son ministère une deuxième fois avant que le miracle ne se produise enfin. Quelqu'un peut demander : « S'il était vraiment le Fils de Dieu, pourquoi a-t-Il dû prier deux fois ? » C'était la loi du service répété à l'œuvre.

Les disciples n'ont pas reçu Le Saint Esprit qu'une seule fois. Dans Jean 20:24, Jésus souffla sur eux et leur dit : « Recevez le Saint Esprit ». C'était leur première onction.

Après ces paroles, il souffla sur eux, et leur dit : RECEVEZ LE SAINT ESPRIT.

Jean 20:22

Plus tard, les disciples reçurent un autre baptême de la puissance du Saint Esprit.

Et ILS FURENT TOUS REMPLIS DU SAINT ESPRIT, et se mirent à parler en d'autres langues, selon que l'Esprit leur donnait de s'exprimer.

Actes 2:4

Et ils furent remplis du Saint Esprit encore une autre fois.

> Quand ils eurent prié, le lieu où ils étaient assemblés trembla ; ILS FURENT TOUS REMPLIS DU SAINT ESPRIT, et ils annonçaient la parole de Dieu avec assurance.
>
> Actes 4:31

Si le premier remplissage était suffisant, alors pourquoi ont-ils eu trois remplissages ? C'était la loi des services répétés à l'œuvre. La puissance de Dieu agit à travers les services répétés.

4. La loi du moment spirituel

Il est important de comprendre la loi du moment des miracles. Pourquoi Jésus est-Il venu sur terre il y a seulement deux mille ans ? Quand le moment fut venu, Dieu envoya son Fils.

> Mais, lorsque les temps ont été accomplis, Dieu a envoyé son Fils, né d'une femme, né sous la loi.
>
> Galates 4:4

Jésus fut un don de Dieu pour les Juifs, mais au jour de leur bénédiction divine, ils n'ont pas reçu le don. Il est important que vous reconnaissiez le temps de votre visite. Dieu a un temps dans Son agenda où Il va vous bénir avec certains dons.

Le temps de Dieu est le meilleur

En 1988, Dieu m'a placé dans la charge de professeur. Une autre fois, Il a placé sur moi l'onction de pasteur de l'église. Il m'a alors donné une onction de ministre des miracles et des manifestations du Saint Esprit. Pourquoi n'a-t-Il pas tout fait en même temps ? Dieu a un temps pour votre avancée. En Le suivant, vous connaitrez des jours spéciaux dans votre vie et vous serez vraiment béni.

Ne soyez pas en colère contre Dieu parce qu'Il est fidèle à Son agenda ! Dieu ne viendra peut-être pas quand vous le voulez. Mais Il viendra en son temps ! Soyez un homme ou une femme de compréhension spirituelle. Vous aurez votre bébé miracle. Vous aurez votre guérison. Vous aurez votre percée financière. Faites confiance au Seigneur de tout votre cœur et comprenez son temps. Quand votre temps viendra, vous y entrerez et vous en réjouirez.

Car un temps viendra, dit le Seigneur, où vous ne chercherez pas de miracles mais où vous me chercherez tout entier. Quand vous me chercherez, je vous comblerai de tout le nécessaire.

Ne craignez pas, petit troupeau, car j'ai préparé une table pour vous en présence de vos ennemis. N'ayez pas peur des ennemis qui vous entourent.

Car en ce jour-là, dit le Seigneur, je répandrai sur vous une onction si forte que vous goûterez ma bonté et ma miséricorde. Ceux qui vous dédaignent se lèveront et déclareront : « Le Seigneur a fait de grandes choses pour eux ».

Chapitre 6

Comment vous pouvez être oint pour les miracles et les manifestations

1. Vous pouvez être oint pour les miracles et les manifestations en attrapant l'onction comme Jésus Christ.

   COMMENT DIEU A OINT DU SAINT ESPRIT ET DE FORCE JÉSUS DE NAZARETH, qui allait de lieu en lieu faisant du bien et guérissant tous ceux qui étaient sous l'empire du diable, car Dieu était avec lui.

   Actes 10:38

   Ayez en vous les sentiments qui étaient en Jésus Christ, lequel, existant en forme de Dieu, n'a point regardé comme une proie à arracher d'être égal avec Dieu, mais s'est dépouillé lui-même, en prenant une forme de serviteur, en devenant semblable aux hommes ; ET AYANT PARU COMME UN SIMPLE HOMME, il s'est humilié lui-même, se rendant obéissant jusqu'à la mort, même jusqu'à la mort de la croix.

   Philippiens 2:5-8

Beaucoup de gens ne comprennent pas que Jésus Christ, tout en étant Fils de Dieu, était aussi Fils de l'homme. Il a fait cela pour que nous nous rendions compte qu'Il avait pris sur Lui la forme d'un homme. « Il S'est humilié et parut comme un simple homme ».

Il s'est fait homme, cela veut dire qu'Il avait toutes les fragilités et les faiblesses de l'homme. Il a été tenté en toutes choses comme nous.

Car nous n'avons pas un souverain sacrificateur qui ne puisse compatir à nos faiblesses ; au contraire, il a été tenté comme nous en toutes choses, sans commettre de péché.

Hébreux 4:15

Jésus a connu toutes nos tentations. Si vous avez la tentation de boire, Il a été tenté de boire. Si vous avez des tentations de fornication, Jésus a été tenté par la fornication. Si vous êtes tentés de mentir, Il a été tenté de mentir. Si vous êtes tentés de voler, Il a été tenté de voler. Si vous êtes tenté de garder rancune contre quelqu'un, Jésus a été tenté à plusieurs reprises de garder rancune contre ceux qui Le persécutaient. Si vous êtes tentés d'avoir peur, Il le fut aussi. Il a été tenté d'avoir peur d'aller à la croix et de faire face à tous les méchants. Il a été tenté, parce qu'Il était un être humain normal.

Il est le plus grand exemple pour nous tous. Nous ne suivons pas quelqu'un que nous ne pouvons pas suivre. Nous pouvons Le suivre parce qu'Il est devenu comme nous. Il avait des faiblesses que nous avons parce que tous les hommes sont imparfaits. C'est pourquoi Il dut prier comme nous. S'il avait été Dieu sur terre, Il n'aurait pas eu besoin de prier.

La grande question est : « Comment un homme put-il faire les miracles qu'il a fait ? Comment a-t-il pu ressusciter les morts ? Comment a-t-il pu rappeler à la vie un homme qui était mort depuis quatre jours et dont le corps était décomposé ? Comment a-t-il pu appeler un homme hors de son cercueil et le faire revivre ? Comment a-t-il pu guérir les aveugles ? Comment se fait-il que des gens qui souffraient de certaines maladies ont été guéris ? »

Nous pouvons trouver la réponse dans la Bible. Nous apprenons comment Dieu a oint Jésus Christ de Nazareth d'Esprit Saint et de puissance. C'est quand Il allait de lieu en lieu en faisant le bien et en guérissant tous ceux qui étaient opprimés par le diable. Jésus fut capable de faire des miracles grâce à l'onction qu'Il reçut du Père.

Dieu a oint Jésus avec le pouvoir de chasser les démons et de briser le joug de l'ennemi. Jésus, qui avait maintenant la forme de serviteur, fut un serviteur spécial parce qu'il était un serviteur oint et un homme oint.

Beaucoup de gens pensent que Jésus a été appelé Jésus Christ parce que Son nom de famille était Christ. Ils pensent qu'Il était le fils de M. et Mme Joseph et Marie Christ. Ce n'est pas le cas. Jésus était connu comme Jésus de Nazareth, mais on Lui a en fait donné un surnom, « Christ », qui veut dire « l'Oint ». C'est parce qu'on L'associait à la présence de DIEU et à l'onction.

Cette onction explique les miracles que Jésus fit. Elle explique pourquoi Jésus Christ, bien qu'il prît la forme d'homme, fut capable de faire de grandes choses. Il alla de lieu en lieu en faisant le bien ! Quelles furent les bonnes choses que Jésus a faites ? Les bonnes choses furent la guérison de ceux qui souffraient de l'oppression du diable. L'homme Jésus était désormais l'homme oint. Nous avons l'espoir que, tout comme Dieu a oint Jésus, Il nous oindra aussi !

Quand vous reconnaitrez que le secret derrière les miracles est l'onction, ce n'est pas la voiture, la maison, la scolarité, l'épouse ou l'argent de l'homme de Dieu qui vous intéressera, mais l'onction qui est sur sa vie.

Les bonnes choses que Jésus a faites sont les bonnes choses que Dieu nous appelle à faire. Il est bon de construire des écoles et de fournir des services sociaux, mais les bonnes œuvres que

Jésus fit furent : prêcher l'évangile, guérir les malades, chasser les démons, ressusciter les morts et purifier les lépreux.

Élisée reconnut le besoin d'attirer l'onction d'Élie

Élie vécut de nombreuses années avec Élisée. À la fin de sa vie, Élie lui demanda : « Mon fils, que veux-tu que je te laisse quand je mourrai ? Veux-tu ma maison ? J'ai trois maisons à Béthel. J'ai une maison à Jéricho. J'ai une maison ici et d'autres maisons partout en ville ».

Élisée dit : « Je ne veux pas de ta maison ».

Élie demanda à Élisée : « Qu'aimerais-tu avoir ? J'ai une terre à Bethléem et une autre parcelle à Jéricho ».

Mais Élisée dit : « Je ne veux pas de ta terre ».

Il lui demanda à nouveau : « Est-ce que tu aimes mes ânes ? J'ai 27 ânes qui voyagent partout dans le monde. Est-ce que tu aimes mes voitures ? »

Mais Élisée était trop sage pour cela. Il dit : « Je n'aime pas tes ânes. Je ne veux pas de tes voitures. Je ne veux rien de toi. Tout ce que je veux, c'est l'onction que tu as. Je vois que le secret derrière ton ministère est l'onction ».

Élisée dit : « Tout ce que je veux c'est l'onction. Touche-moi avec l'onction. Permets-moi d'avoir le double de l'onction que tu as. Garde tes voitures, garde tes ânes, garde tes maisons, mais donne-moi l'onction ! »

Beaucoup de gens ne savent pas que le secret derrière la bénédiction du Seigneur est l'onction. Quand Jésus S'est abaissé et S'est fait homme, né d'une paysanne, dans la maison d'un charpentier et dans des circonstances douteuses, Il semblait très humble. Mais l'onction fait toute la différence ! Je vois l'onction faire la différence dans votre vie !

Je veux que vous compreniez que l'onction est la chose la plus importante que vous devez chercher. Il n'est pas facile d'être oint. Quand Élisée demanda à Élie son onction, Élie dit : «Tu m'as demandé une chose difficile ».

> **Lorsqu'ils eurent passé, Élie dit à Élisée : Demande ce que tu veux que je fasse pour toi, avant que je sois enlevé d'avec toi. Élisée répondit : Qu'il y ait sur moi, je te prie, une double portion de ton esprit ! Élie dit : TU DEMANDES UNE CHOSE DIFFICILE. Mais si tu me vois pendant que je serai enlevé d'avec toi, cela t'arrivera ainsi ; sinon, cela n'arrivera pas.**
>
> **2 Rois 2:9-10**

Il n'est pas facile d'être oint. Vous pouvez aller à l'école mais ne pas être oint. Vous pouvez même être admissible à une école biblique, mais n'être toujours pas oint. Vous pouvez lire des livres, mais n'être toujours pas oint.

L'apôtre Paul a été oint. Il dit : « Celui qui nous a oints, c'est Dieu ».

> **Et celui qui nous affermit avec vous en Christ, et qui nous a oints, c'est Dieu.**
>
> **2 Corinthiens 1:21**

L'onction est ce qui fait la différence dans la vie de chaque ministre. C'est l'onction qui a fait la différence dans la vie de Jésus.

Comment j'ai reçu l'onction

Je dois être oint, sinon vous ne seriez pas en train de lire ce livre. Lorsque j'ai commencé à enseigner dans le ministère, je ne savais pas ce qu'était l'onction. Vous n'avez pas besoin de comprendre comment l'onction fonctionne pour en profiter. Beaucoup d'entre nous ne comprennent pas comment la télévision fonctionne, et pourtant nous l'utilisons.

J'ai commencé par prêcher et enseigner sans l'onction. Mais il y a une différence entre un instituteur et un pasteur oint.

Un instituteur enseigne et un pasteur enseigne aussi, mais la différence est l'onction.

J'avais commencé une petite église et j'avais prêché pendant quelques années alors que j'étais étudiant en médecine. En 1988, je dus accomplir ce que l'on appelle une rotation en santé communautaire. Chaque classe de l'école de médecine est divisée en groupes. Chaque groupe passe par les différents domaines de la médecine tout au long de l'année. C'est pourquoi on l'appelait une rotation. J'ai dû effectuer quatre rotations dans ma dernière année, pour la chirurgie, la médecine, la spécialité et la santé communautaire.

Lors de la rotation de la santé communautaire, je dus voyager à l'extérieur de la capitale vers une petite ville appelée Suhum, dans une autre région du Ghana. J'ai été logé à l'hôpital public de Suhum pendant un mois. Je devais acquérir l'expérience pratique dans la gestion d'un hôpital et travailler sur le terrain, où les conditions sont différentes de celles des grandes villes.

Je remplissais mes besoins médicaux, mais cependant mon esprit était comme d'habitude centré sur le ministère. Dès la deuxième semaine, je profitai d'un agenda plus détendu et je décidai de jeûner et de prier. En route d'Accra pour Suhum, j'étais passé devant une librairie chrétienne et avais acheté quelques cassettes de Kenneth Hagin. Je sentais que j'aurais besoin de quelque chose pour m'« imprégner » pendant que j'étais en Suhum. J'avais été un grand disciple et admirateur du ministère de Kenneth Hagin. En fait, j'avais déjà écouté ces cassettes de nombreuses fois, mais je pensais juste que j'avais besoin de quelque chose d'agréable à écouter.

La nuit de l'onction

Une nuit, je priais, je jeûnais et écoutais l'une de ces cassettes que j'avais achetées. À environ 3 heures du matin, j'étais à genoux près de mon lit en prière. Je pouvais voir le magnétophone situé à l'autre bout de la pièce. Puis soudain, quelque chose a littéralement sauté hors de la cassette qui était en route et est entré dans mon ventre. Je pouvais le sentir me pénétrer. Puis j'entendis une voix me dire : « À partir de maintenant tu peux enseigner ». Je ne savais pas ce que c'était, mais je me suis dit : « C'est bien, parce que je veux enseigner ». Je ne savais pas à ce moment-là que j'avais reçu un part importante de l'onction.

À ce moment-là, mon église était composée d'environ vingt-cinq élèves. La Bible enseigne que nous devons prouver toutes choses, alors je décidai d'essayer ce nouveau don. J'étais invité à Suhum pour enseigner à un petit-déjeuner du Full Gospel pour hommes d'affaires. Ce fut ma première occasion de prêcher après mon expérience de la réception de l'onction. Je peux vous dire que j'ai remarqué une différence ! Après le service, quelqu'un m'a demandé où était mon église. Il fut surpris de savoir que j'étais un ministre inconnu. En moi, je savais que quelque chose s'était passé qui faisait la différence.

Quand je retournai à l'église après un mois, je remarquai une différence dans ma capacité à prêcher et enseigner. L'onction était arrivée et je commençai à m'édifier. La première série que je prêchai fut sur le fils prodige. Je la prêchais en semaine et la participation et l'intérêt pour le service commença à augmenter de façon constante. Je remarquai qu'il y avait de la vie et de l'Esprit dans mon ministère. Il est difficile à décrire, mais quand il est là, vous savez qu'il est là !

L'onction est un peu comme la beauté : quand vous la voyez, vous la reconnaissez ! Vous ne pouvez pas facilement expliquer comment ou pourquoi vous trouvez une femme belle. Mais quand vous voyez quelqu'un de beau, vous le savez.

Je n'ai aucune raison de partager ce que je partage, si ce n'est pour vous aider. Mon ministère a grandi à pas de géant en raison de l'onction. C'est l'onction qui vous transforme d'une personne normale en personne super normale.

Je vois cette onction entrer dans votre vie !

Cette nuit-là, le Seigneur m'a oint pour enseigner. Depuis lors, j'enseigne et prêche. L'onction que le Seigneur m'a donnée est semblable à celle de la personne par qui j'ai reçu l'onction et c'est pourquoi j'ai écrit un certain nombre de livres. C'est de l'onction dont nous avons besoin. Ce n'est pas de l'intelligence. C'est l'onction qui fait la différence.

L'onction fait de vous une personne différente

Dieu a oint Jésus du Saint Esprit et de puissance. C'est ce qui lui a fait faire les miracles qu'il faisait. Nous ne pouvons pas prêcher Jésus sans parler de miracles. Il y a des miracles dès le début de la Bible.

Quand l'onction est sur votre vie, vous êtes une personne différente. Les gens voudraient vous rappeler le bon vieux temps et dire que vous êtes toujours un moins que rien. Mais quand l'onction est sur vous, vous êtes « un autre homme ».

Vous pouvez être connu comme voleur aujourd'hui, mais un jour, vous serez connu comme une personne ointe. L'onction vous change et vous transforme en faiseur de miracles. Elle vous transforme en personne surnaturelle.

2. Vous pouvez être oint pour les miracles et les manifestations en étant humble.

> **Tout le peuple se faisant baptiser, Jésus fut aussi baptisé ; et, pendant qu'il priait, le ciel s'ouvrit, et le Saint Esprit descendit sur lui sous une forme corporelle, comme une colombe. Et une voix fit entendre du ciel ces paroles : Tu es mon Fils bien-aimé ; en toi j'ai mis toute mon affection.**
>
> **Luc 3:21-22**

Jésus Se soumit à Jean-Baptiste, bien qu'Il fût Dieu. Dieu oindra quelqu'un qui est assez humble pour se soumettre à un autre.

Il y a beaucoup d'éléments rebelles dans l'église qui cherchent l'onction. Ils recherchent des dons de Dieu, mais Dieu n'oint pas ce qui est illégal. C'est pourquoi celui qui utilise le nom du

Christ doit s'éloigner de l'iniquité. Dieu oint les gens qui aiment la justice et haïssent l'iniquité. « Tu as aimé la justice, et tu as haï l'iniquité ; c'est pourquoi, ô Dieu, ton Dieu t'a oint d'une huile de joie au-dessus de tes égaux » (Hébreux 1,9).

Néanmoins, le solide fondement de Dieu reste debout, avec ces paroles qui lui servent de sceau : Le Seigneur connaît ceux qui lui appartiennent ; et : QUICONQUE PRONONCE LE NOM DU SEIGNEUR, QU'IL S'ÉLOIGNE DE L'INIQUITÉ.
2 Timothée 2:19

Dieu n'oint pas n'importe qui. Aujourd'hui, vous pouvez voir des ministres se battre avec tous ceux qui les ont précédés. Pourtant, vous pouvez voir Jésus Christ S'humilier et Se soumettre à la personne qui était là avant Lui. Pourquoi êtes-vous si différent de Jésus Christ ? Pensez-vous que vous serez un jour aussi oint que Lui ?

L'humilité plaît à Dieu

Remarquez qu'avant que Jésus ait eu l'occasion de prêcher un sermon ou de guérir quelqu'un, une voix vint du ciel, disant : « Celui-ci est mon Fils bien-aimé ». Si vous voulez vraiment plaire à Dieu, humiliez-vous tout simplement comme Jésus l'a fait. La chute de Satan fut causée par l'orgueil. C'est ce qui a causé toutes les autres chutes depuis lors.

Je me souviens avoir parlé à un évêque qui était le surintendant général d'une grande dénomination. Il me dit que pendant son mandat de surintendant, il avait eu affaire avec mille cinq cents pasteurs rencontrant des difficultés et des problèmes divers. Il fit remarquer que le seul facteur commun aux mille cinq cents cas était la fierté. N'est-ce pas surprenant ?

Si vous voulez être grand dans la maison de Dieu, soyez humble ! Jésus nous a dit qui serait le plus grand dans le Royaume.

C'est pourquoi, quiconque se rendra humble comme ce petit enfant sera le plus grand dans le royaume des cieux.

Matthieu 18:4

Si vous devenez humble comme un enfant, vous serez le plus grand dans le Royaume. C'est pourquoi le Fils de Dieu S'est avancé pour être baptisé comme tout le monde. Il n'a pas demandé à être traité de façon spéciale. « Humiliez-vous devant le Seigneur, et il vous élèvera » (Jacques 4,10).

Dieu joue aux chaises musicales avec vous. Si vous vous asseyez sur la chaise, Il se lèvera, et si vous vous levez, Il va s'asseoir. Si vous choisissez de vous humilier, Il vous élèvera, mais si vous choisissez de vous exalter, alors Il vous abaissera. Vous devez choisir.

Je dus être humble

Quand le Seigneur m'appela dans le ministère et que je commençai dans l'obéissance, un jour, mon père me dit : « Je ne peux pas supporter le fait que mon fils vive des quêtes ou des offrandes des gens. C'est indigne de toi ». Mais le Seigneur me dit d'entrer dans le ministère et de m'humilier. J'ai eu du mal avec cela, parce que j'étais médecin. Je faisais valoir que je n'avais pas besoin des pièces de monnaie et des petites contributions de gens pour prendre soin de moi. Je ne voulais pas que les gens me regardent et fassent des commentaires sur moi en disant que j'utilisais l'argent de l'église.

Je dis donc au Seigneur : « Je ne peux pas faire cela », et le Seigneur me dit : « Tu n'es rien, tu n'es personne ! »

C'est vrai, parce que nous tous, nous ne sommes rien. Peut-être que vous n'êtes jamais allé à la morgue. À la morgue, vous vous rendrez compte que vous n'êtes rien. Si vous mourez maintenant, vous serez surpris de vous retrouver couché au milieu d'un tas d'autres morts que vous ne connaissez pas.

Nous sommes ce que nous sommes par la grâce de Dieu. C'est pourquoi nous devrions nous humilier aux yeux du Seigneur et Lui permettre de nous élever. C'est exactement ce que Jésus a fait quand Il est venu sur terre. Il ne voulait pas être exalté.

Jésus est devenu oint parce qu'Il S'est humilié ! Il a rejoint les masses pour le baptême. Arrêtez d'essayer d'être spécial. Arrêtez d'essayer d'être différent. Arrêtez d'essayer d'être une personne unique. Il suffit de devenir un rien. Quand vous vous humilierez, Dieu répandra Sa grâce sur vous. Si vous ne vous humiliez pas, vous ne pouvez ni apprendre ni recevoir des gens que Dieu vous envoie. Vous les analyserez au lieu de recevoir d'eux. Beaucoup d'entre nous sont en dehors de la grâce de Dieu, parce que nous ne pouvons pas recevoir des gens que Dieu a mis dans nos vies.

C'est ce qui se passe dans l'Église. Quand Dieu envoie des gens dans nos vies, nous ne pouvons pas recevoir d'eux, parce que nous ne sommes pas capables de nous humilier. C'est seulement parce que Jésus S'est humilié devant Jean-Baptiste que Dieu L'a oint. C'est quand Le Saint Esprit est descendu sur Lui. L'onction descend à flots vers ceux qui sont positionnés en bas, dans l'humilité.

> **C'est comme l'huile précieuse qui, répandue sur la tête, descend sur la barbe, sur la barbe d'Aaron, qui descend sur le bord de ses vêtements.**
> **Psaume 133:2**

L'onction ne peut venir sur vous que quand vous êtes humble. Humiliez-vous aux yeux du Seigneur. La montée est la descente. La voie vers le haut est la voie vers le bas. Je vois le Seigneur vous oindre !

3. **Vous pouvez être oint pour les miracles et les manifestations par la prière.**

> **Tout le peuple se faisant baptiser, JÉSUS FUT AUSSI BAPTISÉ ; et, PENDANT QU'IL PRIAIT, le ciel s'ouvrit.**
> **Luc 3:21**

Vous devez remarquer que l'onction est venue sur Jésus quand il priait. Il n'y a aucune onction sans la prière. Ceux qui ne prient pas sont impuissants. La prière est ce qui donne l'aura intangible autour des personnes ointes.

Quelqu'un pourrait se demander pourquoi les Pharisiens avaient peur d'arrêter Jésus. Il avait prêché ouvertement. Il était allé dans le temple chasser les voleurs. Il avait parcouru Jérusalem sur un âne.

Jésus se déplaçait ouvertement. Pourquoi avaient-ils peur de L'arrêter ? Pourquoi eurent-ils besoin de Judas pour trahir quelqu'un qui se déplaçait ouvertement en public ? C'est parce qu'il y avait une aura autour de Jésus. Il y avait quelque chose en Lui. Il y avait quelque chose dans Ses paroles. Ses paroles ont duré plus de deux mille ans. Il n'a jamais écrit de livre, mais deux mille ans plus tard, des millions lisent Ses paroles.

Quand Ses disciples remarquèrent cette aura intangible, ils Lui demandèrent : « Apprends-nous à prier ». Ils ne lui demandèrent pas de leur apprendre à prêcher ou à devenir oint.

Jésus priait un jour en un certain lieu. Lorsqu'il eut achevé, un de ses disciples lui dit : Seigneur, enseigne-nous à prier, comme Jean l'a enseigné à ses disciples.

Luc 11:1

L'autorité vient de l'onction

Vous voyez, quand vous avez été avec quelqu'un, vous pouvez parler de la personne avec autorité. L'autorité vient du fait que vous avez été avec la personne. Cette autorité est une manifestation de l'onction sur votre vie. Plus vous êtes oint, plus vous aurez d'autorité. Et plus vous aurez d'autorité, plus vous serez puissant.

Il y a quelques années, notre église eut un problème avec le gouvernement. Notre église avait été vandalisée et nous avions besoin d'aide. Nous avions besoin de nous approcher de la plus haute autorité du pays ; nous avons donc trouvé quelqu'un que nous savions proche du Président. Je me souviens être allé chez lui pour lui expliquer le problème. Je me souviens qu'à chaque fois que je le voyais chez lui, il y avait une aura d'importance autour de lui parce qu'il était toujours avec le Président.

Nous devions parfois l'attendre chez lui jusqu'à ce qu'il vienne nous rencontrer. Nous savions toujours qu'il avait été avec le Président. Nous lui avons présenté nos dossiers, et quand il nous a demandé de le laisser faire, nous nous attendions à ce qu'il puisse voir le Président et faire quelque chose. Nous croyions tout ce qu'il nous disait, parce que nous savions qu'il avait du pouvoir. Nous savions qu'il était proche de la véritable source du pouvoir. Nous étions attirés par lui en raison de son autorité.

Bien qu'il ne nous ait jamais vraiment aidés, nous avons continué à aller chez lui en raison de son autorité et du fait qu'il était toujours avec le Président. Ce n'est pas sa force physique qui nous attirait. Nous sommes allés à lui parce qu'il était proche du Président.

Les gens ont reçu Jésus Christ, parce qu'ils pourraient dire qu'Il avait été avec le plus grand des pouvoirs. Ils savaient qu'Il avait été avec *El-Shaddai* le Tout-Puissant. Ils savaient qu'Il avait été avec *Rophe* Jéhovah. La présence du Seigneur autour de Lui venait du fait qu'Il avait parlé au Seigneur. Cette présence et l'aura qui sont autour de vous après la prière sont une manifestation de l'onction. L'onction pour les miracles et les manifestations de puissance se trouve sur ceux qui prient.

4. Vous pouvez être oint pour les miracles et les manifestations en attendant votre saison.

> **JÉSUS AVAIT ENVIRON TRENTE ANS LORSQU'IL COMMENÇA SON MINISTÈRE,** étant, comme on le croyait, fils de Joseph, fils d'Héli.
> **Luc 3:23**

Pourquoi Jésus fut-Il oint quand Il avait trente ans ? Pourquoi Jésus ne fut-Il pas oint plus tôt ?

Nous n'avons pas reçu certaines choses parce que nous n'avons pas encore « trente ans ». Nous n'avons pas reçu certaines choses parce que nous n'avons pas encore l'âge adéquat pour elles. Jésus a commencé à recevoir les bénédictions qui avaient été déterminées pour lui quand il eut trente ans. Il y a un temps pour certaines expériences. La Bible parle d'un arbre qui porte du fruit en sa saison.

Il est comme un arbre planté près d'un courant d'eau, qui donne son fruit en sa saison, et dont le feuillage ne se flétrit point : tout ce qu'il fait lui réussit.

Psaume 1:3

Jean-Baptiste avait environ trente ans quand il commença son ministère. Les prêtres qui accomplissaient le service du Seigneur étaient ceux qui avaient trente ans et au-dessus.

On fit le dénombrement des Lévites, depuis l'âge de trente ans et au-dessus.

1 Chroniques 23:3

David commença à régner quand il eut trente ans.

David était âgé de trente ans lorsqu'il devint roi, et il régna quarante ans.

2 Samuel 5:4

Il y a une saison pour tout ce que Dieu a prévu pour votre vie. Soyez patient et attendez-Le. Quand ce sera la saison de votre onction, elle arrivera sûrement. Il n'y aura pas de retard. Priez et ne pleurez plus. Ne pensez pas que vous avez fait quelque chose de mal.

Il y a une saison pour votre avancée. Il y a un temps où Dieu vous élèvera. Entrez dans votre saison d'élévation. La saison de bénédiction, la saison de guérison et la saison de promotion arriveront au bon moment ! Je vous vois entrer dans la saison de Dieu pour votre vie !

La mère de Jean-Baptiste dut attendre que son fils arrive à la bonne saison. Jean-Baptiste devait naître quelques mois avant le

Christ, pour qu'il puisse préparer la voie du ministère de Jésus. C'était la saison de Dieu pour lui. Il n'aurait pas pu venir plus tôt ou plus tard. Elizabeth devait tout simplement attendre la bonne saison pour avoir son enfant.

Avant vos « trente ans », rien n'arrivera. Si vous êtes pasteur, n'abandonnez pas. Le temps de votre onction et de votre avancée arrive. Votre temps viendra aussi sûrement que la nuit suit le jour. Il viendra à la saison que Dieu a établie.

Quand ce sera la saison des pluies, vous n'aurez pas besoin de prier pour la pluie. Vous n'aurez pas besoin de jeûner ni de prier pour la pluie. La pluie se déversera sur vous, parce que sa saison sera arrivée.

Une méga-église à la bonne saison

Il y a des années, je prêchais principalement à de petits groupes. Je commençai à me plaindre au Seigneur que je n'avais jamais prêché à un grand groupe de personnes. Je dis au Seigneur : « Pourquoi est-ce que je commence des petits groupes qui ne grandissent jamais ? » Le Seigneur m'a dit de ne pas abandonner. Il m'a promis qu'il y avait une méga-église au bout de la ligne pour moi. Au bon moment et à la bonne saison, j'ai commencé à voir la méga-église que le Seigneur avait promise.

Vous êtes sur le point d'entrer dans votre saison ! Vous êtes sur le point d'avoir « trente ans ». C'est merveilleux ! C'est merveilleux ! Cela arrivera tout à coup ! Le Seigneur fera une grande chose. Il guérira votre esprit. Il guérira votre âme et guérira votre vie. Il vous transformera. Il vous établira sur le roc.

Je vois une lumière ! Le Seigneur commence à envoyer une lumière parce que c'est le temps qu'il y ait de la lumière dans votre vie. Vous avez marché dans l'obscurité du ministère depuis longtemps, mais le Seigneur vous apporte la lumière. Le Seigneur dit que le soleil est sur le point de se lever sur votre église.

Recevez la bénédiction ! Recevez la guérison ! Dieu a oint Jésus Christ avec puissance. Cette puissance arrive dans votre vie maintenant ! Il y a une puissance pour vous guérir et vous sauver. Il y a une puissance pour détruire les œuvres du diable. Il y a une puissance pour vous élever.

Il est le même hier, aujourd'hui et éternellement.

Personne qui entre en contact avec l'onction ne reste le même. Vous verrez des changements pratiques dans votre vie et votre ministère au nom de Jésus. Dieu a transformé votre vie et vous a tiré de l'argile boueuse du ministère. Il vous a établi sur le roc. C'est votre saison d'être oint !

Chapitre 7

Comment reconnaître la manifestation principale du Saint Esprit

Mais le Consolateur, Le Saint Esprit, que le Père enverra en mon nom, VOUS ENSEIGNERA TOUTES CHOSES, et vous rappellera tout ce que je vous ai dit.

Jean 14:26

La manifestation principale du Saint Esprit est l'enseignement, la révélation, la vérité, la connaissance, la lumière, la vision, la compréhension et le conseil. Jésus a promis d'envoyer le Saint Esprit comme notre Consolateur. Mais qu'est-ce que ce Consolateur va faire pour nous ? Comment le Saint Esprit va-t-il nous consoler ? Comment le Saint Esprit se rendra-t-il visible au chrétien ordinaire ?

Il se rend visible et pertinent pour nous en nous enseignant toutes choses.

La Bible est remplie d'exemples où le Saint Esprit s'est fait « visible » (s'est montré, démontré, et manifesté) aux croyants. De façon étonnante, la manifestation la plus fréquente de la présence de l'Esprit est l'enseignement ! L'œuvre principale du Saint Esprit est d'enseigner et de guider l'Église. À chaque fois que vous êtes en présence de l'onction d'enseignement, vous devez reconnaître la grande présence du Saint Esprit Il se rend visible pour vous. Quand vous lisez votre Bible et commencez à avoir des révélations profondes sur la Parole, le Saint Esprit se manifeste.

La présence du Saint Esprit est la présence de l'onction d'enseignement.

Beaucoup de gens ne bénéficient pas du Saint Esprit. La seule façon dont certains chrétiens semblent avoir la présence visible du Saint Esprit est le parler en langues. Mais il y a plus que cela en Dieu et plus dans le Saint Esprit que le parler en langues !

Quand Jésus a promis le Saint Esprit aux croyants, Il nous a promis un enseignant. Attention au professeur ! Quiconque veut apprendre à connaître le Saint Esprit doit faire l'expérience de cette façon importante que le Saint Esprit a de se rendre visible pour nous.

Quatre effets de la manifestation de l'onction d'enseignement

1. **La manifestation de l'onction d'enseignement suscite la conviction.**

   > Et quand il sera venu, il convaincra le monde en ce qui concerne le péché, la justice, et le jugement : en ce qui concerne le péché, parce qu'ils ne croient pas en moi ; la justice, parce que je vais au Père, et que vous ne me verrez plus ; le jugement, parce que le prince de ce monde est jugé.
   >
   > **Jean 16:8-11**

   Les convictions que vous avez sont là grâce au Saint Esprit. Quand le Saint Esprit viendra, il convaincra le monde en ce qui concerne le péché, la justice et le jugement. Il nous guidera aussi dans toute la vérité. C'est seulement quand le Saint Esprit est présent que les gens sont convaincus de leurs péchés. Sans la présence du Saint Esprit, la prédication ne convaincrait jamais personne.

2. **La manifestation de l'onction d'enseignement suscite la vérité.**

   Vous commencez à connaître la vérité quand le Saint Esprit est présent. L'absence du Saint Esprit donne lieu à des illusions et des tromperies. Grâce à la puissance et à la présence du Saint Esprit, vous serez guidé dans toute la vérité et sauvé de la tromperie.

   > **J'ai encore beaucoup de choses à vous dire, mais vous ne pouvez pas les porter maintenant. Quand le consolateur sera venu, l'Esprit de vérité, IL VOUS CONDUIRA DANS TOUTE LA VÉRITÉ ; car il ne parlera pas de lui-même, mais il dira tout ce qu'il aura entendu, et il vous annoncera les choses à venir.**
   >
   > **Jean 16:12-13**

3. La manifestation de l'onction d'enseignement suscite les souvenirs.

Le Saint Esprit nous rappellera aussi tout ce que Jésus nous a dit dans Sa Parole.

...ET VOUS RAPPELLERA TOUT ce que je vous ai dit.

Jean 14:26

Quand Jésus nous a promis le Saint Esprit, Il nous a promis quelqu'un qui nous rappellerait certaines choses. Le Saint Esprit doit se manifester à vous comme un « rappel ». Vous ne connaissez pas le Saint Esprit si vous ne le connaissez pas comme un « rappel ». Tout cela fait partie du ministère d'enseignement du Saint Esprit à notre égard. Quand le Saint Esprit deviendra un professeur pour vous, il vous rappellera toutes les choses qu'on vous a enseignées.

4. La manifestation de l'onction d'enseignement suscite la connaissance.

Comme sa divine puissance NOUS A DONNÉ TOUT CE QUI CONTRIBUE À LA VIE ET À LA PIÉTÉ, AU MOYEN DE LA CONNAISSANCE de celui qui nous a appelés par sa propre gloire et par sa vertu...

2 Pierre 1:3

Quelles sont les choses qui contribuent à la vie ? Les choses qui contribuent à la vie sont l'argent, les voitures, les vêtements, les maisons, la guérison, les emplois, de bons emplois, les épouses, les maris, les enfants, la santé, l'éducation, une longue vie, la prospérité, la paix, la joie dans le Saint Esprit, les bénédictions financières, la connaissance, la sagesse, de bons pasteurs, les amis, etc. Vous vous demandez peut-être : « Comment Dieu va-t-Il me donner toutes les choses qui contribuent à la vie ? »

L'Écriture dit : « Dieu nous a donné tout ce qui contribue à la vie et à la piété, au moyen de la connaissance de celui qui nous a appelés par sa propre gloire et par sa vertu ». En d'autres termes, Dieu sait que nous allons recevoir toutes les choses qui contribuent à la vie quand nous apprendrons à le connaître mieux. C'est pourquoi Il a envoyé le Consolateur. Il a envoyé le Consolateur pour nous enseigner et nous donner la connaissance. La connaissance que le Saint Esprit nous donne de Dieu nous conduira dans tout ce qui contribue à cette vie.

Vous devez comprendre que le Consolateur est là pour vous enseigner. Il est là pour se manifester en tant que professeur dans votre vie. C'est pourquoi vous devez lire et étudier votre Bible !

La manifestation la plus forte de l'Esprit est peut-être la prédication et l'enseignement. Malheureusement, l'enseignement est générale-ment considéré comme la partie impuissante du service. Quand les gens crient, tombent et tremblent nous disons : « Oh, le Saint Esprit est à l'œuvre ». Mais quand l'enseignement est en cours, nous nous disons : « Ce n'est pas encore le temps pour la puissance ». C'est dommage, parce que le principal rôle visible du Saint Esprit est de nous enseigner Sa Parole.

Le Saint Esprit et la connaissance

L'œuvre principale du Saint Esprit est de nous guider dans toute la vérité. Quand vous lui permettrez de vous enseigner, vous aurez accès à tout ce qui contribue à la vie et à la piété.

Puis par la Parole de Dieu, vous recevrez toutes les choses qui contribuent à la piété !

Les églises sont remplies de gens qui veulent des miracles et des avancées. Si vous voulez une avancée permanente, alors vous devez croire la Bible, parce qu'elle dit : « Vous connaîtrez la vérité, et la vérité vous affranchira » (Jean 8,32).

J'ai une révélation du Ciel. Je sais que c'est le lieu le plus important où être et je veux y aller. J'ai une révélation de servir le Seigneur. C'est pourquoi je veux le servir davantage. J'ai une révélation qu'il est plus important d'aller au Ciel et de servir le

Seigneur que de faire quoi que ce soit d'autre. Ces révélations me sont venues par la connaissance de la Parole.

Rendez grâces à Dieu pour les miracles. Rendez grâces à Dieu pour toutes les choses qu'Il va faire pour Se rendre visible dans nos vies. Mais Il vient d'abord et avant tout comme professeur, et comme quelqu'un qui guide et dirige.

Recevez la connaissance de Sa Parole !

Par Sa Parole, vous pouvez être libre !

Vous n'avez pas besoin de pécher, vous n'avez pas besoin de mourir, vous n'avez pas besoin de vous tuer ! Dieu vous libère !

Ne mourez pas avant l'heure ! Dieu vous sauve ; Il sauve votre vie et prolonge votre vie par la connaissance de Sa Parole.

Vous êtes libre par la puissance du Seigneur !

Vous pouvez vivre une vie juste !

Vous pouvez faire ce qui est juste parce que le Seigneur est votre aide. Il dit : « Je vais envoyer le Consolateur, l'aide, un soutien, le renfort ».

Il vous affermira !

Vous ne tomberez pas dans l'oubli !

Vous ne mourrez pas avant l'heure !

Il vous apportera toutes ces bénédictions par Sa Parole !

La plupart d'entre nous n'ont jamais demandé au Saint Esprit de nous enseigner personnellement. Je prie constamment pour que Dieu me donne un esprit de sagesse et de révélation dans la connaissance de Sa Parole.

Les églises sont remplies de bébés spirituels en quête de miracles et de signes. Mais Jésus a dit que c'est une génération méchante qui cherche des signes.

> **Comme le peuple s'amassait en foule, il se mit à dire : Cette génération est une génération méchante ; elle demande un miracle ; il ne lui sera donné d'autre miracle que celui de Jonas.**
>
> **Luc 11:29**

Si vous voulez une bénédiction permanente, vous avez alors besoin du Saint Esprit comme enseignant. Si vous voulez marcher dans tout ce qui contribue à la vie et à la piété, vous avez alors besoin que le Saint Esprit se manifeste comme professeur dans votre vie.

La vie est faite de deux sections, votre vie naturelle et votre vie spirituelle. Quand un côté ne fonctionne pas, il affecte l'autre. C'est pourquoi Dieu nous a donné des choses qui contribuent au naturel et au surnaturel ; toutes les choses qui contribuent à la vie et à la piété par Son Esprit Saint. Vous n'irez pas loin avec Dieu à moins de demander au Saint Esprit de vous enseigner.

Élevez-vous par la connaissance

Même dans le monde séculier, c'est par la connaissance que vous vous élevez aux postes plus hauts. Ceux qui sont instruits dominent ceux qui ne le sont pas. Les plus grandes victoires que vous aurez jamais eues viendront par la connaissance. Ceux qui ont des connaissances répriment et oppriment ceux qui n'en ont pas. Les gens qui savent fabriquer des choses comme des avions, des bateaux et des voitures dominent le reste du monde.

Avec le temps, les pays qui ont plus de connaissances ont dominé ceux qui ont moins de connaissances. C'est un fait de la vie. Dans différents lieux de travail, ceux qui ont une éducation supérieure gagnent beaucoup plus que les moins instruits. Qu'est-ce qui séparent les deux ? Quelle est la ligne de démarcation ? C'est la connaissance. La connaissance vous met à part dans cette vie.

C'est exactement la même avec les choses spirituelles. La connaissance vous met dans une autre catégorie. Quand vous savez certaines choses, vous allez de l'avant dans la vie et le ministère.

Ne supprimez pas l'Enseignant !

Vous pouvez aimer les miracles, mais si vous voulez vraiment tout ce qui contribue à la vie et à la piété, accueillez le Saint Esprit comme professeur ! C'est la *phanerosis*.

Je connais et respecte beaucoup Kenneth Hagin. Lors d'un séminaire de *Winter Bible* à Tulsa, je fus étonné de voir comment cet homme enseignait chaque jour simplement à partir de la Bible. Chaque matin et chaque soir, c'était la Parole qui avait la prééminence. Je respectais la puissance de l'onction d'enseignement encore plus quand je regardais les foules se rassembler pour recevoir ses enseignements simples. J'avais pensé qu'un tel grand homme de Dieu viendrait crachant le feu et faisant des miracles. Mais il ne faisait qu'enseigner !

Soyons interessés par le Saint Esprit. Demandons-Lui de nous enseigner. Il nous donnera la connaissance. Il vous enseigne maintenant, afin que vous évitiez de faire des erreurs graves. Vous devez sentir la présence du Saint Esprit dans tous vos temps de recueillement.

J'ai disséqué des grenouilles, j'ai analysé des vaisseaux sanguins, et j'ai fait beaucoup de choses quand j'étais à l'école de médecine. Comment cela m'a-t-il aidé ? À quoi sert la grenouille que j'ai disséquée ? Comment est-ce que cela m'aide maintenant ? Par contre, cette Parole que j'ai lue m'a donné la sagesse et la direction de ma vie et de mon ministère.

Il est temps d'obtenir la connaissance. Le Saint Esprit vous sera rendu visible en tant que professeur. Dieu conduit Son peuple dans une vie merveilleuse par la connaissance de Lui !

Chapitre 8

Qu'est-ce qu'une manifestation du Saint Esprit ?

Pour ce qui concerne les dons spirituels, je ne veux pas, frères, que vous soyez dans l'ignorance.

Vous savez que, lorsque vous étiez païens, vous vous laissiez entraîner vers les idoles muettes, selon que vous étiez conduits.

C'est pourquoi je vous déclare que nul, s'il parle par l'Esprit de Dieu, ne dit : Jésus est anathème ! Et que nul ne peut dire : Jésus est le Seigneur ! si ce n'est par le Saint Esprit.

Il y a diversité de dons, mais le même Esprit ; diversité de ministères, mais le même Seigneur ; diversité d'opérations, mais le même Dieu qui opère tout en tous.

Or, à chacun la manifestation de l'Esprit est donnée pour l'utilité commune.

1 Corinthiens 12:1-7

Rendez grâces à Dieu pour la grandeur du Saint Esprit au Ciel. Rendez grâces à Dieu pour les merveilles du Saint Esprit dans la Bible. Mais j'ai besoin du Saint Esprit dans la vie pratique, tangiblement et visiblement aujourd'hui.

Dieu sait combien nous avons besoin d'un consolateur que nous puissions contacter ! Il sait que nous avons besoin d'un Esprit Saint qui soit rendu visible à chaque fois que c'est nécessaire. À quoi servent une voiture que vous ne pouvez pas voir, et l'argent que vous ne pouvez pas toucher ? Rendez grâces à Dieu pour toutes les voitures du Japon et de la Corée, mais j'en ai besoin d'une que je peux toucher et sentir. Rendez grâces à Dieu pour tout l'argent dans les banques d'Amérique et d'Allemagne, mais j'en ai besoin dans ma main maintenant. J'ai besoin d'argent que je peux toucher, tenir et dépenser. Rendez grâces à Dieu pour le Saint Esprit au Ciel. Mais j'ai besoin du Saint Esprit ici et maintenant.

Remarquez comment Paul parle des « *manifestations de l'esprit* ». Le mot « *manifestation* » utilisé ici est le mot grec « *phanerosis* » qui signifie « *rendre visible* ».

En d'autres termes, Paul dit que le fait de rendre visible (la *manifestation*) du Saint Esprit est donné pour le bénéfice de tout le monde. Tout le monde a besoin que le Saint Esprit soit rendu visible de temps en temps. « Être rendu visible », est « être rendu tangible et disponible ». Le Saint Esprit Se rend souvent visible par des manifestations telles que les tremblements, les frissonnements, les convulsions, les pleurs, les cris et les chutes.

Phanerosis : Rendre visible

Phanerosis, traduit par « manifestation » veut aussi dire : un signe, une expression, une manifestation, le symptôme, l'apparence et la matérialisation d'une chose invisible. 1 Corinthiens 12,7 peut donc être lu ainsi : « Le signe, l'expression, la *manifestation*, le symptôme, l'apparence et la matérialisation du Saint Esprit sont donnés à chacun pour l'utilité commune ».

Dieu s'est manifesté de diverses manières à ceux qui croient en lui. C'est quelque chose que Dieu a fait dans le passé et fait encore aujourd'hui.

Parce que le Saint Esprit est vivant en nous, il y a des moments où Il se rend visible pour nous. Sans la visibilité du Saint Esprit, nous ne bénéficierons pas de Lui.

La *phanerosis* du Saint Esprit ou la manifestation visible de l'Esprit est réelle. Vous pouvez sentir la présence du Saint Esprit de nombreuses fois pendant des réunions. Quand vous sentez la présence du Saint Esprit, Il se rend visible.

J'ai parfois senti le Saint Esprit dans l'auditorium. Parfois, je Le sens passer vers le balcon et parfois Il est sur la scène. J'ai vu le Saint Esprit apporter la guérison aux gens de la congrégation. Il y a des moments où je peux Le sentir dans la voiture avec moi et alors je commence à pleurer comme un bébé. Je dois parfois conduire seul en raison du Saint Esprit. Quand Il est présent, Il fait tant de choses dans ma vie.

Le jour de la Pentecôte, ils étaient tous ensemble dans le même lieu. Tout à coup IL VINT DU CIEL UN BRUIT comme celui d'un vent impétueux, et il remplit toute la maison où ils étaient assis.
Actes 2:1-2

Rendez grâces à Dieu pour un son tangible de la présence du Saint Esprit. Il y a une dimension tangible du Saint Esprit. Il y a une dimension dans laquelle le Saint Esprit se déplace hors de l'invisible, de l'intangible, vers le visible, le tangible et le toucher. Il est esprit, mais il fonctionne aussi dans la dimension physique.

Parfois, les gens font l'expérience du Saint Esprit pendant des services de miracles et peuvent même Le sentir. Ils disent des choses comme : « J'ai senti une brise fraîche venir sur moi ».

Nous sommes habitués à l'amour, la patience, la bonté et la douceur de l'Esprit. Nous sommes habitués aux gens qui parlent en langues. Nous sommes habitués à toutes ces choses. Mais nous devons nous ouvrir à l'autre dimension où le Saint Esprit fait des choses dans la dimension tangible et physique.

C'est dans cette dimension que vous commencez à voir des guérisons se produire. C'est quand l'invisible devient visible et physique que des changements se produisent. N'y aurait-il pas quelque bruit si quelqu'un entrait dans une pièce ? C'est pourquoi ils ont entendu le bruit du vent quand le Saint Esprit descendit le jour de la Pentecôte. Ils ont vu des langues de feu et ils ont entendu le bruit du vent. L'invisible était désormais devenu visible. L'intouchable était désormais devenu tangible.

Tout le monde doit bénéficier de la manifestation du Saint Esprit. Il est donné pour notre avantage.

J'ai vu les manifestations du Saint Esprit. C'est ce qui a transformé notre église d'une église dans une salle de classe en congrégation dans une cathédrale. Le Saint Esprit est la pluie. Les choses grandissent quand il pleut ! Les plantes fleurissent sous la pluie ! La pluie du Saint Esprit est ce qui va amener la transformation du ministère. Le Saint Esprit va Se rendre visible en transformant votre petit groupe d'étude biblique en ministère mondial.

Il est très important que nous ayons la puissance de Dieu au milieu de nous, parce que là où il n'y a pas de puissance dans l'église, les membres s'égarent pour chercher de l'aide dans le monde occulte. Souvent, quand les gens sont en crise et ont besoin d'aide spirituelle, ils ne se tournent pas vers l'église, mais vers le diable.

Les gens ne voient pas la puissance dans les églises auxquelles ils appartiennent. C'est pourquoi ils vont chercher de l'aide ailleurs.

Nous avons besoin d'avoir la puissance de Dieu dans l'église pour répondre aux besoins des gens. Nous devons faire l'expérience des manifestations du Saint Esprit pendant nos réunions.

Je me souviens avoir fait l'expérience de la puissance du Saint Esprit quand un ministre en visite est venu dans mon église. Après son service, il a appelé ma femme et moi pour prier pour nous. Alors qu'il m'imposait les mains, j'ai senti la manifestation du Saint Esprit. C'était comme si des vagues d'huile descendaient sur moi. Je n'avais jamais rien ressenti de tel auparavant. Je fis l'expérience de la *Phanerosis*, la manifestation visible du Saint Esprit. Je savais que le Seigneur m'oignait.

Si vous n'avez jamais fait l'expérience du Saint Esprit d'une manière visible, ce n'est pas parce qu'Il n'est pas réel. C'est parce qu'Il ne S'est jamais rendu visible dans votre vie.

À partir d'aujourd'hui, la *phanerosis* va arriver dans votre vie au nom de Jésus ! Vous Le verrez se déplacer concrètement dans votre vie !

Chapitre 9

Vision et connaissance dans le ministère de Jésus

En effet, à l'un est donnée par l'Esprit une parole de sagesse ; à un autre, une parole de connaissance, selon le même Esprit ;

à un autre, la foi, par le même Esprit ; à un autre, le don des guérisons, par le même Esprit ; à un autre, le don d'opérer des miracles ; à un autre, la prophétie ;

à un autre, le discernement des esprits ; à un autre, la diversité des langues ; à un autre, l'interprétation des langues.

1 Corinthiens 12:8-10

Les yeux du serviteur d'Élisée s'ouvrirent pour voir les armées spirituelles autour de lui.

Voir et connaitre implique deux grandes manifestations de l'Esprit. Ces deux manifestations sont les moyens les plus impressionnants par lesquels le Saint Esprit Se rend visible. Un autre nom des dons combinés de la parole de connaissance et du discernement des esprits est « vision et connaissance ». Chaque ministre doit prier pour la grâce de voir et de connaitre. Comme l'a dit Shakespeare : « Il n'y a pas d'art pour trouver la construction de l'esprit dans le visage ». Cela veut dire qu'il est très difficile de connaitre les pensées et les intentions des hommes en regardant leurs visages.

Voir et connaître les choses surnaturellement est un don qui peut être à l'œuvre dans votre vie. Un des exemples les plus célèbres de la vision et de la connaissance est quand Élisée pria pour que son serviteur puisse voir la montagne pleine de chevaux et de chars. « Élisée pria, et dit : ÉTERNEL, ouvre ses yeux, pour qu'il voie. Et L'ÉTERNEL ouvrit les yeux du serviteur, qui vit la montagne pleine de chevaux et de chars de feu autour d'Élisée » (2 Rois 6,17).

Quand le Saint Esprit vous manifestera une *parole de connaissance,* vous commencerez à connaître les choses surnaturellement. Vous devez prier pour la capacité surnaturelle de voir et de connaître les choses ! Un ministre doit connaître les choses d'une manière surnaturelle. La manifestation de la vision et de la connaissance implique de voir et de détecter les mauvais esprits. Pour pouvoir discerner ou distinguer la présence de mauvais esprits, vous devez avoir le Saint Esprit. Le royaume spirituel est l'endroit où Dieu habite. C'est le domaine où les démons et les anges opèrent. Quand vous aurez la manifestation de la vision et de la connaissance, vous verrez et détecterez les anges, les démons et l'Esprit de Dieu. Jésus a constamment opéré dans le don de la vision et de la connaissance.

Sept fois où Jésus a opéré dans le don de la vision et de la connaissance

1. Jésus savait avec combien d'hommes la Samaritaine avait couché.

   Va, lui dit Jésus, appelle ton mari, et viens ici.
   La femme répondit : Je n'ai point de mari. Jésus lui dit : Tu as eu raison de dire : Je n'ai point de mari.
   Car tu as eu cinq maris, et celui que tu as maintenant n'est pas ton mari. En cela tu as dit vrai.
   Jean 4:16-18

2. Jésus vit et parla aux deux prophètes morts Élie et Moïse sur le mont.

   Il fut transfiguré devant eux ; son visage resplendit comme le soleil, et ses vêtements devinrent blancs comme la lumière. Et voici, Moïse et Élie leur apparurent, s'entretenant avec lui.
   Matthieu 17:2-3

3. Jésus vit et détecta les anges dans le jardin de Gethsémani.

   Puis il s'éloigna d'eux à la distance d'environ un jet de pierre, et, s'étant mis à genoux, il pria, disant : Père, si tu voulais éloigner de moi cette coupe ! Toutefois, que ma volonté ne se fasse pas, mais la tienne. Alors un ange lui apparut du ciel, pour le fortifier.
   Luc 22:41-43

Jésus connaissait ceux qui ne croyaient pas en lui. Il y a trois groupes de gens négatifs dont Jésus était conscient.

4. Jésus connaissait ceux qui murmuraient contre lui.

   Jésus, sachant en lui-même que ses disciples murmuraient à ce sujet, leur dit : Cela vous scandalise-t-il ?
   Jean 6:61

5. **Jésus connaissait ceux qui ne croyaient pas en lui.**

   Mais il en est parmi vous quelques-uns qui ne croient point. Car Jésus savait dès le commencement qui étaient ceux qui ne croyaient point, et qui était celui qui le livrerait.

   Jean 6:64

6. **Jésus connaissait ceux qui allaient Le trahir.**

   Mais il en est parmi vous quelques-uns qui ne croient point. Car Jésus savait dès le commencement qui étaient ceux qui ne croyaient point, et qui était celui qui le livrerait.

   Jean 6:64

7. **Jésus savait lequel de Ses disciples était possédé par un démon.**

   Jésus leur répondit : N'est-ce pas moi qui vous ai choisis, vous les douze ? Et l'un de vous est un démon ! Il parlait de Judas Iscariot, fils de Simon ; car c'était lui qui devait le livrer, lui, l'un des douze.

   Jean 6:70-71

Il m'est arrivé souvent que des gens ne croient pas en moi. Ils s'asseyaient en groupe et tous semblaient suivre attentivement. Mais je savais que celui-ci ne croyait pas en moi.

Je me souviens d'une fois où j'ai dit à mon pasteur adjoint : « Tu vois cet homme ? »

Il dit : « Oui, je le vois ».

Je lui dis alors : « Un jour, il va nous quitter et nous trahir ».

À ce moment-là, il n'y avait aucun signe d'une telle possibilité.

Deux ans plus tard, ce que j'ai dit arriva exactement comme je l'avais prédit. Cet homme nous quitta et parla amèrement contre moi. Vous voyez, Dieu me l'avait montré par le don de *la vision et de la connaissance*.

Je m'y attendais parce que Dieu me l'avait montré.

Je me souviens d'un pasteur qui était totalement dévasté par la trahison de l'un de ses plus chers amis et associés. Nous étions à table ensemble quand il me raconta ses expériences.

Il me dit : « À chaque fois que ce pasteur voyageait à l'étranger, il me rapportait de beaux cadeaux ».

Il poursuivit : « Il m'achetait parfois une cravate. D'autres fois, il me présentait une enveloppe contenant quelques dollars ou des livres sterling ».

Il se lamentait : « Je pensais qu'il m'aimait, je pensais qu'il était avec moi, je pensais que ces dons signifiaient quelque chose ».

Mon cher ami, n'oubliez pas que Jésus aimait dîner avec celui qui le haïssait. De l'extérieur, ils avaient tous l'air heureux et dévoués, mais Jésus savait ce qu'Il devait savoir.

Puissiez-vous avoir la manifestation du don de *la vision et de la connaissance* dans votre vie quand vous en avez besoin !

Chapitre 10

Comment opérer dans la manifestation de la vision et de la connaissance

En effet, à l'un est donnée par l'Esprit une parole de sagesse ; à un autre, une parole de connaissance, selon le même Esprit ;

à un autre, la foi, par le même Esprit ; à un autre, le don des guérisons, par le même Esprit ; à un autre, le don d'opérer des miracles ;

à un autre, la prophétie ; à un autre, le discernement des esprits; à un autre, la diversité des langues; à un autre, l'interprétation des langues.

1 Corinthiens 12:8-10

1. La manifestation de la vision et de la connaissance est pour votre protection.

Un jour, j'arrivai à l'église deux heures en avance et je remarquai une jeune femme assise à l'arrière et priant. Je ne pus m'empêcher de remarquer combien cette femme semblait être spirituelle. Elle venait à l'église plus tôt que tous les autres. Elle s'asseyait seule à l'arrière et intercédait pendant des heures. Ses prières n'étaient pas du style de faible chuchotement. Elles étaient viriles, fortes, ferventes et intenses. Elle parlait la langue des anges et elle priait dans l'esprit.

À de nombreuses occasions, j'allais à l'église tôt et trouvais seulement cette femme en intense intercession à l'arrière. Il y avait des fois où je me demandais qui était plus spirituel : moi ou cette femme ? Je me demandais : « Qui est le chef de file : moi ou cette femme ? » Je ne lui ai jamais dit un mot ni ne lui ai posé de questions. Je ne voulais pas déranger une personne si pieuse.

Un jour, le Seigneur me dit : « Fais-lui connaître ses abominations ».

Je dis : « Quoi ! »

Le Seigneur me dit : « Cette fille est une mauvaise fille ; fais-lui connaître ses abominations ».

Je dis : « Ce n'est pas possible. C'est le membre le plus spirituel de mon église. Je suis même intimidé par ses prières ».

Je dis au Seigneur : « Elle est la seule à arriver tôt pour prier ». Mais après un moment, je me sentis convaincu d'obéir au Seigneur. Parfois, il y a des pensées qui ne s'en vont pas. Elles semblent s'attarder dans votre esprit jusqu'à ce que vous leur prêtiez attention.

En fin de compte, je m'assis avec cette sœur spirituelle et lui dit : « Le Seigneur me dit que je dois vous faire connaître vos abominations ». J'étais sûr d'avoir tort dans ce que je disais.

Alors que je parlais, elle me regarda avec étonnement et se mit à pleurer. Cette femme me raconta alors sa vie. Elle me dit qu'à chaque fois qu'elle voyageait à l'extérieur du pays, elle couchait avec quelqu'un de différent. Elle poursuivit et m'expliqua qu'elle avait dormi avec plus de deux cents personnes différentes quand elle était jeune. Elle confessa qu'elle était une fornicatrice en série et régulière, malgré sa façade super spirituelle.

Le don de la vision et de la connaissance se manifestait !

Dieu me donna la grâce de voir et de connaitre. Il me la donna peut-être pour me protéger. J'avais besoin de connaître le genre de personne qui priait à l'arrière de l'église. Peut-être que j'aurais envisagé de me rapprocher d'elle parce qu'elle était tellement spirituelle. Le don de la vision et de la connaissance est pour votre protection.

2. **La manifestation de la vision et de la connaissance est pour vous procurer de la direction.**

Un soir, je priais dans ma chambre. C'était un samedi soir et je me préparais à prêcher le lendemain. L'Esprit du Seigneur vint sur moi. Je ne pouvais pas bouger tandis que l'Esprit me parlait. J'étais vigilant et fixé sur mon fauteuil.

L'Esprit du Seigneur me parla de façon presque audible d'une personne rebelle dans l'église. Il me révéla que cette personne faisait semblant d'être fidèle, alors qu'en fait elle était pleine de rébellion. *Je voyais et je connaissais* !

Puis Il me demanda de faire certaines choses à l'église le dimanche qui exposeraient l'hypocrisie de ce pasteur. Il me dit : « Sonne de la trompette avec clarté, donne aux troupes un commandement clair et tu verras ce qui va se passer ».

Le Saint Esprit me dit ce qui arriverait si je suivais Ses instructions. Le lendemain, je suivis les instructions de l'Esprit à la lettre. De façon étonnante, cet homme rebelle fit exactement ce que l'Esprit m'avait dit qu'il ferait et il fut démasqué.

En quelques minutes, tout était à découvert et on trouva la solution à un problème de longue date.

3. La manifestation de la vision et de la connaissance est pour vous délivrer des menteurs qui vous entourent.

On ment souvent aux dirigeants. Il est souvent impossible de dire si quelqu'un dit la vérité ou non. Les tromperies dont un dirigeant est victime peuvent conduire à sa chute. De nombreux dirigeants dépendent de ce que leurs conseillers et informateurs leur disent. Quand on leur dit des mensonges, ils font souvent de graves erreurs qui conduisent à la corruption et à l'embarras. De nombreux dirigeants politiques quittent leur fonction, seulement pour découvrir qu'on les a dupés quand ils étaient en fonction. Des flagorneurs et subordonnés des lèche-bottes leur ont raconté des mensonges.

Un jour, le Saint Esprit se manifesta par le don de la vision et de la connaissance. Il me révéla qu'un pasteur particulier m'avait menti sur beaucoup de choses différentes. Je me trouvai dans mon lit et le Saint Esprit me dit : « C'est un menteur et je vais te montrer cinq choses différentes sur lesquelles il t'a menti depuis que tu le connais ». Puis Il me révéla soudain une série de mensonges sans aucun rapport entre eux que cet homme m'avait dits. Certains de ces mensonges dataient de plusieurs années.

J'étais stupéfait. Je n'avais jamais su que toutes ces choses étaient des mensonges. Cette révélation vint si vite qu'immédiatement après la révélation, je ne m'en souvenais plus. Dieu voulait me montrer que la révélation ne venait pas de mon esprit et c'est pourquoi je ne pouvais pas m'en souvenir plus tard. Il me fallut du temps et de la prière pour ramener la révélation. Plus tard, tous ces points se révélèrent être des mensonges.

Par le don de *la vision et de la connaissance*, j'ai pu démasquer le menteur à l'intérieur et finalement l'éradiquer du système.

4. La manifestation de la vision et de la connaissance est pour démasquer la déloyauté.

Alexandre, le forgeron, m'a fait beaucoup de mal. Le Seigneur lui rendra selon ses œuvres.

Garde-toi aussi de lui, car il s'est fortement opposé à nos paroles.

2 Timothée 4:14-15

J'aime avoir de la bonne musique ointe dans mes services. La musique ointe influence énormément l'atmosphère et permet aux miracles d'avoir lieu.

Il y a quelques années, j'avais une femme qui chantait merveilleusement bien dans notre église. Elle me chantait un solo chaque dimanche. Une nuit, je fis un rêve. Rêver fait partie de *la vision et de la connaissance*. Dans mon rêve, j'étais dans un ring de boxe et à ma grande surprise, j'étais l'un des boxeurs sur le ring. Je portais des gants de boxe ainsi que mon adversaire. Mais la plus grande surprise était mon adversaire. Croyez-le ou non, mon adversaire était cette chanteuse !

Le combat de boxe commença et la femme se battait contre moi de toutes ses forces. Je me défendis et soudain le rêve s'arrêta.

Le Seigneur m'avait miraculeusement révélé que cette femme se battait contre moi spirituellement. Plus tard, je découvris que c'était l'une des personnes qui me critiquaient fortement et se battaient contre moi par ses paroles. Dieu me délivra de la puissance de cette personne déloyale par le don de *la vision et de la connaissance*.

5. La manifestation de la vision et de la connaissance est pour vous donner la victoire sur l'ennemi.

Les visions sont aussi des manifestations du Saint Esprit. Les visions sont un genre avancé de *la vision et de la connaissance*.

Il y a eu des moments où le Seigneur m'a ouvert les yeux pour voir les visions. Il fut un temps où j'ai fait l'expérience d'une forte attaque du diable. La pression et la tromperie étaient si fortes que j'étais sur le point de rupture. Un soir, lors d'un voyage, j'eus une vision de Satan. Je fus réveillé vers trois heures du matin. Je vis soudain un grand noir debout à la droite de mon lit. Cet être se mit à rire et à se moquer de moi. Puis je remarquai que le visage de cet être était le visage de quelqu'un que j'avais connu quelques années avant. Cette personne s'était particulièrement moquée de moi dans le passé et avait dit certaines choses pour me mépriser.

C'était l'esprit d'un moqueur et l'esprit de confusion. Le Seigneur me montra le genre d'esprit qui me harcelait. La confusion est l'une des principales stratégies de Satan contre les ministres.

Je sautai immédiatement hors de mon lit. Il n'y avait personne dans l'appartement où je vivais et j'étais tout seul. J'étais confus et je me demandais ce qui était arrivé. Je savais que j'avais vu le diable de près et qu'un grand mal était résolu contre moi. Je me sentais comme tout seul dans une maison hantée. Je décidai de recevoir la communion tout seul. Je n'oublierai jamais cette communion de minuit, parce que je crois qu'elle m'apporta la guérison et aussi la puissance du sang sur ma vie. Le sang me donna la victoire sur le diable et sur tous ses plans.

Par cette vision, le Seigneur m'avait montré qui et quoi se battait contre moi. Le résultat de cette vision marqua la fin d'un combat particulier que j'avais mené.

6. La manifestation de la vision et de la connaissance est pour vous délivrer du mal.

Un jour, je tombai malade et eus besoin de prendre des médicaments. Cependant, à ce moment de ma vie, je croyais qu'il n'était pas nécessaire de prendre des médicaments si on avait la foi. Puisque je m'efforçais d'être un véritable homme de foi, j'avais décidé de continuer sans prendre aucun médicament. À cette exacte occasion, j'avais décidé que soit je guérirais sans médicaments ou je mourrais.

Alors que les jours passaient, je devins de plus en plus malade au point d'être enfermé chambre. Ma famille ne savait pas ce qui m'arrivait, parce qu'ils pensaient que je me reposais juste dans ma chambre. J'étais déterminé à me lever et à guérir sans médicaments ou à mourir par la foi. Comme le temps passait, je fus cloué au lit, incapable de faire quoi que ce soit. J'attendais que Dieu me guérisse.

Je crois que le Seigneur savait que j'étais déterminé à guérir sans médicaments ou à mourir. Maintenant, la seule chose que je pouvais faire était de me retourner dans mon lit. À un moment donné, je tournai la tête vers la droite et là sur ma table de chevet se trouvait une créature qui ressemblait à un lutin. Je sus tout de suite que je regardais un mauvais esprit. Je sus que j'étais en danger, même si je ne comprenais pas ce que je pouvais faire de mal. Je sentis soudain que je devais prendre des médicaments pour éviter que le diable ne me détruise. Je me levai du lit et pris aussitôt des médicaments. Par la manifestation de la vision et de la connaissance, je fus délivré de la mort.

7. La manifestation de la vision et de la connaissance est pour détecter la présence des anges.

Il y a quelques années, je me perdis dans une gare en Europe. Non seulement j'étais perdu, mais j'étais aussi très en retard et sur le point de manquer une correspondance très importante. Soudain, un homme que je ne connaissais pas proposa de m'aider. De façon étrange, l'homme m'emmena de là où j'étais par de nombreux couloirs sinueux, des escaliers et des tunnels à l'endroit exact où je devais y aller. Cet étrange homme blanc a dit qu'il n'allait pas où j'allais, mais il prit quinze à vingt minutes pour m'emmener là où je devais être.

Quiconque connaît un peu l'Europe sait que c'est un comportement « étrange ». De façon étrange qu'il était apparu, cet homme disparut du quai. Je me souviens de cet incident, même s'il arriva il y a de nombreuses années. Je crois que cet homme était un ange.

N'oubliez pas l'hospitalité ; car, en l'exerçant, quelques-uns ont logé des anges, sans le savoir.

Hébreux 13:2

Un jour, assis dans un avion, j'eus une vision d'un ange. Il était assis à ma gauche et portait une tunique bleu clair. Il semblait détendu mais de service. Je savais que je voyais un ange gardien et je fus rassuré pour le vol.

Le Seigneur ouvrit les yeux d'une jeune femme dans la congrégation. Pendant mon service, je prononçais des bénédictions et des mots de foi. Ses yeux s'ouvrirent et elle vit un grand ange debout à sa gauche. Alors que je prononçais des bénédictions, ce grand ange lançait des colis dans la congrégation. Beaucoup de gens dont les bras étaient levés recevaient les colis. Il y avait des anges plus petits qui prenaient les colis du grand ange et les donnaient aux gens de la congrégation. Les anges sont réels et ils nous accompagnent et nous aident dans notre ministère.

Je me souviens du témoignage d'une personne dont les yeux s'ouvrirent pendant le service d'un homme de Dieu. Pendant que l'homme de Dieu prêchait, la personne vit un ange marchant autour de lui. De temps en temps, l'ange chuchotait des choses à l'oreille de l'homme de Dieu et il souriait, hochait la tête et continuait de prêcher. Le ministre lui-même n'était pas conscient de la présence des anges. N'est-il pas encourageant de savoir que les anges marchent autour de vous pendant vos services ?

J'étais dans un service de Kenneth Hagin un soir quand un ange lui apparut. L'ange lui demanda de le suivre. Kenneth Hagin suivit l'ange dans l'allée. Quand l'ange arriva à un homme en particulier, l'ange lui fit signe d'exercer son ministère envers cette personne.

Papa Hagin nous raconta ensuite comment l'ange l'avait conduit à exercer son ministère envers une personne en particulier. L'atmosphère de la réunion fut complètement chargée et le service était électrisant !

C'est réel. Les manifestations se produisent pour chacun et pour l'utilité commune. Nous bénéficions tous des manifestations de l'Esprit. Cela fait une grande différence pour nous quand nous savons ce qui se passe dans le royaume de l'esprit.

8. La manifestation de la vision et de la connaissance est pour voir Jésus Christ Lui-même.

> Je me retournai pour connaître quelle était la voix qui me parlait. Et, après m'être retourné, je vis sept chandeliers d'or, et, au milieu des sept chandeliers, quelqu'un qui ressemblait à un Fils d'homme, vêtu d'une longue robe, et ayant une ceinture d'or sur la poitrine.
>
> **Apocalypse 1:12-13**

Un jour, je priais pour huit personnes à un service de miracle. Le Seigneur ouvrit les yeux de quelqu'un dans l'assemblée, et la personne vit le Seigneur Jésus marcher derrière moi. Soudain, elle vit le Seigneur Jésus entrer en moi et je n'étais plus là. Elle ne pouvait plus me voir. Elle voyait seulement le Seigneur Jésus imposer les mains sur les gens.

L'une des personnes pour qui je priais témoigna qu'elle sentit un amour extrême et inhabituel quand on lui imposa les mains. Cet amour était l'amour de Jésus pour elle alors qu'il lui imposait les mains. De façon étonnante, on déclara plus tard que cette femme était guérie d'un cancer.

Ce sont des visions merveilleuses de Jésus qui apportent l'encouragement. Un jour, je rencontrai une Américaine âgée qui me dit : « J'ai vu le Seigneur marcher derrière vous pendant votre service ».

Elle me dit : « J'ai des visions très réelles ».

Elle poursuivit : « Ce soir, j'ai vu un phénomène rare et inhabituel : le Seigneur Lui-même marchait derrière vous pendant votre service ». Puis elle me demanda : « Savez-vous que le Seigneur marche ainsi derrière vous pendant votre service ? »

Je souris et je lui dis que je ne savais pas.

À une autre occasion, j'exerçais mon ministère à une petite réunion de camp dans un pays étranger. Alors que j'imposais les mains sur les gens, le Seigneur ouvrit les yeux de l'une de nos sœurs. Elle fut étonnée par ce qu'elle vit. Le Seigneur Jésus était assis sur une chaise derrière la chaire. Il observait ce que je faisais. Elle fut très touchée par cette vision et rendit gloire à Dieu.

Chapitre 11

La liste des manifestations dans le Nouveau Testament

> En effet, à l'un est donnée par l'Esprit une parole de sagesse ; à un autre, une parole de connaissance, selon le même Esprit ; à un autre, la foi, par le même Esprit ; A un autre, le don des guérisons, par le même Esprit ; à un autre, le don d'opérer des miracles ; à un autre, la prophétie ; à un autre, le discernement des esprits ; à un autre, la diversité des langues ; à un autre, l'interprétation des langues.
>
> 1 Corinthiens 12:8-10

Ce passage de l'Écriture nous donne une liste des manifestations de l'Esprit. Cependant, il existe de nombreuses autres manifestations variées qui ne sont pas dans cette liste. Elles se trouvent dispersées à travers la Bible. J'appelle des manifestations qui ne sont pas dans cette liste. Si les manifestations sont dans la liste des Corinthiens ou non cela n'a pas d'importance. Ce qui importe est que ce soit des manifestations du Saint Esprit.

1. La parole de sagesse

La parole de sagesse vous donne la sagesse pour savoir comment gérer des situations complexes. La sagesse sert à vous orienter.

2. Le don de foi

C'est la foi surnaturelle pour parler et faire des choses que Dieu vous a appelé à faire.

Le don de la foi opérait en Isaac quand il bénit ses deux fils Jacob et Ésaü.

> **Alors Isaac, son père, lui dit : Approche donc, et baise-moi, mon fils. Jacob s'approcha, et le baisa. Isaac sentit l'odeur de ses vêtements ; puis il le bénit, et dit : Voici, l'odeur de mon fils est comme l'odeur d'un champ que L'ÉTERNEL a béni.**
>
> **Que Dieu te donne de la rosée du ciel et de la graisse de la terre, du blé et du vin en abondance !**
>
> **Que des peuples te soient soumis, et que des nations se prosternent devant toi ! Sois le maître de tes frères, et que les fils de ta mère se prosternent devant toi ! Maudit soit quiconque te maudira, et béni soit quiconque te bénira.**
>
> **Genèse 27:26-29**

Cette bénédiction persiste jusqu'à ce jour dans la vie d'Israël. C'est comme si Dieu lui-même avait prononcé ces bénédictions, même si c'était un homme qui parlait. Guettez quand le Saint

Esprit survient sur les gens qui vous parlent prophétiquement. C'est la manifestation du don de la foi.

La même manifestation opérait en Jacob quand il bénit et maudit ses enfants.

> **Jacob appela ses fils, et dit : Assemblez-vous, et je vous annoncerai ce qui vous arrivera dans la suite des temps.**
>
> **Rassemblez-vous, et écoutez, fils de Jacob ! Écoutez Israël, votre père !**
>
> **Ruben, toi, mon premier-né, ma force et les prémices de ma vigueur, supérieur en dignité et supérieur en puissance, Impétueux comme les eaux, tu n'auras pas la prééminence ! Car tu es monté sur la couche de ton père, tu as souillé ma couche en y montant.**
>
> **Siméon et Lévi sont frères ; leurs glaives sont des instruments de violence.**
>
> **Genèse 49:1-5**

3. Faire des miracles

Faire de miracles est la manifestation de miracles qui ne sont pas de guérison. Jésus fit plusieurs miracles qui n'étaient pas de guérison. Dans un sens, ces miracles sont plus étonnants que les guérisons. L'Évangile de Jean contient certains de ces miracles qui ne sont pas de guérison.

Les miracles dans le ministère de Jésus

a. La transformation de l'eau en vin

Jésus leur dit : Remplissez d'eau ces vases. Et ils les remplirent jusqu'au bord. Puisez maintenant, leur dit-il, et portez-en à l'ordonnateur du repas. Et ils en portèrent. Quand l'ordonnateur du repas eut goûté l'eau changée en vin, — ne sachant d'où venait ce vin, tandis que les serviteurs, qui avaient puisé l'eau, le savaient bien, -il appela l'époux.

Tel fut, à Cana en Galilée, le premier des miracles que fit Jésus. Il manifesta sa gloire, et ses disciples crurent en lui.

Jean 2:7-9.11

b. La multiplication des pains et des poissons

Jésus prit les pains, rendit grâces, et les distribua à ceux qui étaient assis ; il leur donna de même des poissons, autant qu'ils en voulurent. Lorsqu'ils furent rassasiés, il dit à ses disciples : Ramassez les morceaux qui restent, afin que rien ne se perde. Ils les ramassèrent donc, et ils remplirent douze paniers avec les morceaux qui restèrent des cinq pains d'orge, après que tous eurent mangé. Ces gens, ayant vu le miracle que Jésus avait fait, disaient : Celui-ci est vraiment le prophète qui doit venir dans le monde.

Jean 6:11-14

c. La marche sur la mer de Galilée

Après avoir ramé environ vingt-cinq ou trente stades, ils virent Jésus marchant sur la mer et s'approchant de la barque. Et ils eurent peur. Mais Jésus leur dit : C'est moi ; n'ayez pas peur !

Jean 6:19-20

4. Le don de guérison

Jésus Christ est un Jésus qui guérit. Si le Saint Esprit est présent, Il peut Se manifester en guérissant quelqu'un. Cela arriva à la femme avec la perte de sang dans la Bible, et cela va vous arrivera au nom de Jésus !

La guérison est une manifestation de la présence du Saint Esprit.

En présence du Saint Esprit, les testicules peuvent être guéris.

Je me souviens de ce qui arriva lors d'un service de miracle en Afrique du Sud. Il y avait une femme à la réunion dont l'enfant n'avait qu'un testicule. L'enfant devait subir une opération quelques semaines plus tard. Elle s'avança dans la ligne de guérison et je priai pour son enfant comme pour tous les autres. À sa grande surprise, les testicules apparurent quand elle observa son enfant. Les testicules étaient là. C'est un miracle de Dieu.

En présence du Saint Esprit, les oreilles peuvent être guéris.

Il y avait un jeune homme avec une déficience auditive à l'oreille droite. Il affirmait ne pas pouvoir entendre si quelqu'un lui parlait de ce côté-là. Mais quand on pria pour lui, l'Esprit de Dieu vint sur lui avec puissance, puis il se rendit compte qu'il pouvait entendre clairement. Nous en avons fait la démonstration là dans l'église. Il pouvait clairement entendre de loin.

En présence du Saint Esprit, les genoux peuvent être guéris.

Il y avait une femme avec un problème de genou depuis l'enfance, tel que si elle courait sur une courte distance, ses genoux fléchissaient et elle tombait. Cela lui arriva une fois quand elle traversait la route et elle fut presque heurtée par une voiture.

Elle eut un sentiment de lourdeur dans ce genou, puis elle se rendit compte qu'elle avait été guérie. Elle fit la démonstration de sa guérison en courant autour de l'église. Elle n'avait aucun bruit ni aucune douleur dans les genoux. Son genou ne fléchit pas et elle était miraculeusement guérie.

En présence du Saint Esprit, les problèmes gynécologiques peuvent être guéris.

Il y avait une femme assise à l'étage au cours de l'un de nos services de miracle. Elle n'avait pas eu ses règles depuis un an, et pourtant elle n'était pas enceinte. Elle sentit juste la puissance de Dieu venir sur elle et commença à saigner pendant le service. Elle revint pour témoigner de sa guérison.

Je me souviens d'une autre femme qui avait saigné continuellement pendant trois mois. Le saignement s'arrêta en plein service. Tout comme la femme avec la perte de sang guérie pendant le ministère de Jésus, cette femme fit l'expérience d'une guérison d'une perte de sang.

C'est ce qui arrive quand le Saint Esprit Se manifeste dans des guérisons. Le Saint Esprit est là pour vous guérir et Il est là pour prolonger votre vie sur terre. Les manifestations de guérison sont réelles aujourd'hui.

5. La prophétie

Les prophéties sont des paroles prononcées sous l'inspiration du Saint Esprit. La prophétie est utilisée pour nous diriger, nous aider, nous influencer et nous conduire.

Il existe deux types de prophétie dans le Nouveau Testament : le simple don de prophétie et la prédiction prophétique. Le but de la simple prophétie est décrit en 1 Corinthiens 14,3. C'est pour l'exhortation, l'édification et l'encouragement.

> **Celui qui prophétise, au contraire, parle aux hommes, les édifie, les exhorte, les console.**
> **1 Corinthiens 14:3**

L'autre type de prophétie est appelée prédiction prophétique. Dans ce type de prophétie, les événements sont prédits par le prophète. Le chapitre vingt-quatre de Matthieu est une compilation de plusieurs prédictions prophétiques que le Christ a faites sur ce monde.

> **Il s'assit sur la montagne des oliviers. Et les disciples vinrent en particulier lui faire cette question : Dis-nous, quand cela arrivera-t-il, et quel sera le signe de ton avènement et de la fin du monde ?**
> **Matthieu 24:3**

6. Divers genres de langues

Le don des langues est la manifestation la plus fréquente du Saint Esprit. C'est un don merveilleux, parce que c'est une langue du Seigneur. Ces langues sont les langues célestes des anges. Parfois, les langues sont des langues humaines inconnues de l'orateur qui manifeste ce don. Nous parlons les langues des hommes et des anges.

Quand je parlerais les LANGUES DES HOMMES ET DES ANGES, si je n'ai pas la charité, je suis un airain qui résonne, ou une cymbale qui retentit.
1 Corinthiens 13:1

En effet, celui qui parle en langue ne parle pas aux hommes, mais à Dieu, car personne ne le comprend, et c'est en esprit qu'il dit des mystères.
1 Corinthiens 14:2

Vous devez parler en langues, parce qu'il y a beaucoup de prières que personne ne devrait entendre. Il y a des prières que le diable ne devrait pas comprendre. Il ne devrait pas savoir quand vous commandez aux anges de le frapper. Quand vous priez en langues, cela inquiète le diable, parce qu'il ne sait pas ce que vous dites.

Un jour, un pasteur qui avait vécu en Norvège m'entendit parler en langues. Alors que je parlais en langues, il pouvait entendre que je parlais un norgsk pur (la langue norvégienne). La première fois que cela arriva, il n'était pas sûr s'il entendait bien. Sur le chemin du retour, il en parla à sa femme dans la voiture. Le lendemain, les réunions se poursuivirent et il dit qu'il m'entendait parler à nouveau en norgsk pur. Cette fois-ci, il en était sûr et il est vint témoigner. Je ne suis jamais allé en Norvège et je ne parle pas norgsk. C'était une puissante manifestation de la présence du Saint Esprit. C'est la *phanerosis* là à l'œuvre !

Quand le Saint Esprit témoigne de Sa présence de cette façon, le Seigneur nous donne un aperçu de la gloire. Il est réel !

7. L'interprétation des langues

L'interprétation multiplie considérablement la bénédiction que vous obtenez en parlant en langue seul.

Cela implique de prononcer la signification des langues qui ont été parlées. Ce n'est pas le don de traduction et n'est donc pas une traduction « mot à mot ». L'interprétation est un don pour tout le monde qui parle en langues. Tout le monde qui parle en langues doit croire et pratiquer l'interprétation des langues.

C'est pourquoi, que celui qui parle en langue prie pour avoir le don d'interpréter. Car si je prie en langue, mon esprit est en prière, mais mon intelligence demeure stérile.

1 Corinthiens 14: 13-14

Chapitre 12

La manifestation du fait de tomber sous la Puissance

Nous devons convoiter les meilleurs cadeaux. Quand vous désirerez les manifestations de l'Esprit, vous les recevrez. Dieu ne va pas vous donner quelque chose que vous ne désirez pas. Comment pouvez-vous croire à la guérison si vous n'en entendez pas parler ?

> **Comment donc invoqueront-ils celui en qui ils n'ont pas cru ? Et comment croiront-ils en celui dont ils n'ont pas entendu parler ? Et comment en entendront-ils parler, s'il n'y a personne qui prêche ?**
> **Romains 10:14**

> **Ainsi la foi vient de ce qu'on entend, et ce qu'on entend vient de la parole de Christ.**
> **Romains 10:17**

Quand nous prêchons sur les manifestations du Saint Esprit, ils commencent à vous intéresser. Vous commencez à les désirer. Quand votre désir grandit, ils commencent à se manifester. Je me rends compte que là où les gens n'ont pas reçu d'enseignement, ils n'ont pas beaucoup de miracles.

Cela vous arrivera parce que vous le désirez. Dieu ne va pas vous donner quelque chose que vous ne désirez pas. Dieu ne va pas vous donner quelque chose auquel vous ne pensez même pas.

Il y a d'autres manifestations de la présence du Saint Esprit en dehors de la liste des manifestations de 1 Corinthiens 12. Elles ne sont pas regroupées dans une liste et je les appelle « les manifestations non listées du Saint Esprit ».

Pourquoi les gens tombent-ils sous la Puissance

L'une des manifestations les plus fréquentes non listées de l'esprit et de la puissance de Dieu est le fait de tomber. Le fait de tomber sous la Puissance est souvent causé par le vin, le vent et la pluie.

1. Le vin de l'Esprit

Le vin nouveau est souvent considéré comme un type du Saint Esprit . Dans le monde naturel, trop boire de vin peut conduire à la chute, aux secousses et aux tremblements. De même, trop boire du vin de l'Esprit peut conduire à la chute, aux secousses et aux tremblements.

> **Ces gens ne sont pas ivres, comme vous le supposez, car c'est la troisième heure du jour. Mais c'est ici ce qui a été dit par le prophète Joël : Dans les derniers jours, dit Dieu, je répandrai de mon Esprit sur toute chair...**
>
> **Actes 2:15-17**

> **Ne vous enivrez pas de vin : c'est de la débauche. Soyez, au contraire, remplis de l'Esprit.**
>
> **Éphésiens 5:18**

2. Le vent de l'Esprit

> **Le vent souffle où il veut, et tu en entends le bruit ; mais tu ne sais d'où il vient, ni où il va. Il en est ainsi de tout homme qui est né de l'Esprit.**
>
> **Jean 3:8**

Le vent est connu pour abattre les arbres et même les maisons. Le vent de l'Esprit fait la même chose. Il est temps de croire que ces choses sont réelles.

Vous souvenez-vous quand Jésus souffla sur Ses disciples et dit : « Recevez le Saint Esprit » ?

> **Après ces paroles, il souffla sur eux, et leur dit : Recevez le Saint Esprit.**
>
> **Jean 20:22**

Vous souvenez-vous quand le Saint Esprit vint dans la chambre haute comme un vent impétueux ? Le Saint Esprit agit comme un vent. Récemment, pendant un de nos services de miracles, j'imposais les mains sur tous ceux qui s'approchaient de l'autel. L'un de mes pasteurs témoigna plus tard. Il poursuivit : « Quand vous vous êtes approché de moi, un vent a commencé à souffler sur moi. C'était un vent surnaturel ».

Il s'émerveillait : « Le Saint Esprit est tellement réel ».

3. La pluie de l'Esprit

La pluie est connue pour déraciner des arbres et aussi des maisons. Beaucoup de gens s'enfuient en courant quand des pluies torrentielles approchent. Dieu dit qu'Il viendra vers nous sous la forme de la pluie.

> **Connaissons, cherchons à connaître L'ÉTERNEL ; Sa venue est aussi certaine que celle de l'aurore. Il viendra pour nous comme la pluie, comme la pluie du printemps qui arrose la terre.**
>
> **Osée 6:3**

Huit exemples du fait de tomber sous la Puissance

Dans toute la Bible, nous voyons des gens tomber sous la Puissance de Dieu.

1. Les prêtres qui tombent à la dédicace du Temple

> Et lorsque ceux qui sonnaient des trompettes et ceux qui chantaient, s'unissant d'un même accord pour célébrer et pour louer L'ÉTERNEL, firent retentir les trompettes, les cymbales et les autres instruments, et célébrèrent L'ÉTERNEL par ces paroles : Car il est bon, car sa miséricorde dure à toujours ! en ce moment, la maison, la maison de L'ÉTERNEL fut remplie d'une nuée. LES SACRIFICATEURS NE PURENT PAS Y RESTER POUR FAIRE LE SERVICE, À CAUSE DE LA NUÉE ; car la gloire de L'ÉTERNEL remplissait la maison de Dieu.
>
> 2 Chroniques 5:13-14

À un moment donné, la gloire du Seigneur remplit tellement le temple que les prêtres, les joueurs de trompettes et les musiciens ne pouvaient plus rester debout. Ils sont tous tombés à cause de la gloire du Seigneur. Ces choses arrivent. Elles sont réelles. La gloire de Dieu peut se manifester à différents niveaux. Elle peut venir sur vous au point que vous ne puissiez pas rester debout. Vous devez prier pour faire l'expérience de la puissance de Dieu au point de ne pas pouvoir rester debout. Je veux faire l'expérience de la gloire de Dieu.

Vous devriez désirer atteindre le niveau où ces gens étaient. Quand ils adoraient, la nuée de la gloire remplit tellement l'endroit que les joueurs de trompettes et les prêtres ne pouvaient pas se tenir debout. Ce n'est pas qu'ils ne voulaient pas se tenir debout. Ils ne le pouvaient pas !

2. Les soldats qui tombent quand ils viennent arrêter Jésus

> Judas donc, ayant pris la cohorte, et des huissiers qu'envoyèrent les principaux sacrificateurs et les pharisiens, vint là avec des lanternes, des flambeaux et des armes.
>
> Jésus, sachant tout ce qui devait lui arriver, s'avança, et leur dit : Qui cherchez-vous ? Ils lui

répondirent : Jésus de Nazareth. Jésus leur dit : C'est moi. Et Judas, qui le livrait, était avec eux.

Lorsque Jésus leur eut dit : C'EST MOI, ILS RECULÈRENT ET TOMBÈRENT PAR TERRE.

Jean 18:3-6

Qu'arriva-t-il dès que Jésus dit : « C'est moi » ? Les assaillants reculèrent et tombèrent par terre. Tout le monde tomba sous l'onction. Il n'y avait personne pour les soutenir. Il n'y avait rien pour les protéger quand ils ont reculé et sont tombés. Oh ! Vous vous rendez compte que le Saint Esprit était à l'œuvre. Cela seul aurait dû amener les soldats à s'enfuir de peur.

3. **L'entourage de l'apôtre Paul qui tombe sur le chemin de Damas**

   Quoi ! Vous semble-t-il incroyable que Dieu ressuscite les morts ?
   Pour moi, j'avais cru devoir agir vigoureusement contre le nom de Jésus de Nazareth.
   C'est ce que j'ai fait à Jérusalem. J'ai jeté en prison plusieurs des saints, ayant reçu ce pouvoir des principaux sacrificateurs, et, quand on les mettait à mort, je joignais mon suffrage à celui des autres.
   Je les ai souvent châtiés dans toutes les synagogues, et je les forçais à blasphémer. Dans mes excès de fureur contre eux, je les persécutais même jusque dans les villes étrangères.
   C'est dans ce but que je me rendis à Damas, avec l'autorisation et la permission des principaux sacrificateurs.
   Vers le milieu du jour, ô roi, je vis en chemin resplendir autour de moi et de mes compagnons une lumière venant du ciel, et dont l'éclat surpassait celui du soleil. NOUS TOMBÂMES TOUS PAR TERRE, et j'entendis une voix qui me disait en langue hébraïque : Saul, Saul, pourquoi me persécutes-tu ? Il te serait dur de regimber contre les aiguillons.

   Actes 26:8-14

Paul décrit comment lui et ses compagnons tombèrent sous la puissance sur le chemin de Damas. Quand les compagnons de Paul virent la lumière autour d'eux, ils tombèrent tous à terre. C'était une manifestation du Saint Esprit .

Quand les gens tombent sous la puissance, tout le monde se demande si c'est réel. Peu importe combien de fois les gens le voient arriver, ils continuent à regarder et à se poser des questions.

Vous pouvez parfois voir à la façon dont les gens tombent sous la puissance que quelque chose d'inhabituel leur est arrivé. Une sorte de puissance les a frappé ! Je continue de m'interroger moi-même, même si je le vois arriver tout le temps.

Je me souviens avoir parlé à une femme pour qui j'avais prié. Plus tard, elle me raconta ce qui lui était arrivé quand j'exerçais mon ministère pour elle. Elle décrit comment elle était tombée pendant le service.

Je lui demandai : « Est-ce que vous tombez habituellement sous la puissance ? »

Elle dit : « Je ne suis jamais tombée, ce n'est pas mon style ». Elle pensait qu'il y avait des types de personnes enclins à tomber sous la puissance.

Elle poursuivi : « Je ne tombe jamais, je ne tombe pas. Mais cette fois, je suis tombée plusieurs fois. Je suis tombée tellement de fois et je ne savais pas ce qui m'arrivait. J'étais totalement impuissante à me contrôler et à me tenir debout. Je ne pouvais tout simplement pas rester debout quand vous m'avez touchée ».

C'est en effet une merveille. Tomber sous la puissance vous fera vous demandez ce qui se passe. Tomber sous la puissance est un signe et une merveille. Ceux qui tombent sous la puissance ne sont pas nécessairement guéris. Quand les gens tombent, ils peuvent être guéris ou non. Ils tombent simplement. C'est un signe et une merveille ! C'est une manifestation du Saint Esprit .

4. L'ânesse de Balaam tombe à la vue de l'ange du Seigneur

L'ânesse vit l'ange de l'Éternel, et elle s'abattit sous Balaam. La colère de Balaam s'enflamma, et il frappa l'ânesse avec un bâton.

Nombres 22:27

La chute de l'ânesse de Balaam à la vue de l'ange réfute les allégations que quand les gens tombent sous la puissance, ils sont psychologiquement incités à le faire. Comment l'ânesse aurait-elle pu être manipulée psychologiquement pour tomber à un moment donné ?

Quand l'ânesse est entrée en contact avec le domaine de l'esprit, elle est simplement tombée. C'est ce qui arrive à beaucoup de gens. Ils ne sont pas manipulés ou on ne les fait pas tomber psychologiquement ! Ils font simplement une expérience spirituelle qui les fait tomber.

5. Éli tomba à la mention de l'arche du Seigneur

À peine eut-il fait mention de l'arche de Dieu, qu'Éli TOMBA DE SON SIÈGE À LA RENVERSE, à côté de la porte ; il se rompit la nuque et mourut, car c'était un homme vieux et pesant. Il avait été juge en Israël pendant quarante ans.

1 Samuel 4:18

Cette expérience du fait de tomber réfute aussi l'allégation selon laquelle si les gens tombent par le Saint Esprit, ils ne vont pas se blesser. Certains disent que si la puissance du Saint Esprit fait tomber quelqu'un, la personne ne devrait pas se blesser. Cependant, nous avons vu de nombreux cas où des gens tombaient sous la puissance et se blessaient.

Ce n'est pas nouveau, et Éli est même mort après être tombé sous la puissance et s'être rompu la nuque. Il est important d'avoir de bons placeurs pour empêcher les gens de se blesser quand ils tombent sous la puissance.

6. **Ézéchiel tomba à la vue de la gloire du Seigneur**

> Tel l'aspect de l'arc qui est dans la nue en un jour de pluie, ainsi était l'aspect de cette lumière éclatante, qui l'entourait : c'était une image de la gloire de L'ÉTERNEL. À CETTE VUE, JE TOMBAI sur ma face, et j'entendis la voix de quelqu'un qui parlait.
>
> **Ézéchiel 1:28**

7. **L'apôtre Jean tomba à la vue du Seigneur**

> QUAND JE LE VIS, JE TOMBAI à ses pieds comme mort. Il posa sur moi sa main droite en disant : Ne crains point ! Je suis le premier et le dernier…
>
> **Apocalypse 1:17-18**

« Tomber comme mort » veut dire que l'apôtre Jean tomba soudain à terre. « Tomber comme mort » n'est pas une chute calme et digne. « Tomber comme mort » veut dire s'effondrer par terre sans contrôle. Quand la puissance de Dieu est à l'œuvre, vous verrez beaucoup de gens tomber par terre comme morts.

8. **Daniel tomba quand Dieu lui parla**

> Il vint alors près du lieu où j'étais ; et À SON APPROCHE, JE FUS EFFRAYÉ, ET JE TOMBAI sur ma face. Il me dit : Sois attentif, fils de l'homme, car la vision concerne un temps qui sera la fin.
>
> **Daniel 8:17**

Daniel aussi tomba sous la puissance quand il entra en contact avec les choses spirituelles. Daniel était premier ministre et haut placé dans la société. Mais il tomba sous la puissance quand il entra en contact avec les réalités spirituelles.

Mon cher ami, il y a assez de preuves dans la Parole de Dieu pour que vous acceptiez ces manifestations de l'Esprit. Les ministres doivent suivre la réalité de la puissance de Dieu. Comprenez la Parole de Dieu et vous ferez l'expérience de la richesse de tout ce que Dieu a en réserve pour nous.

Chapitre 13

Diverses manifestations puissantes

1. Pleurer et crier

> Élisée se rendit à Damas. Ben Hadad, roi de Syrie, était malade ; et on l'avertit, en disant : L'homme de Dieu est arrivé ici.
>
> Le roi dit à Hazaël : Prends avec toi un présent, et va au-devant de l'homme de Dieu; consulte par lui L'ÉTERNEL, en disant : Guérirai-je de cette maladie ?
>
> Hazaël alla au-devant d'Élisée, prenant avec lui un présent, tout ce qu'il y avait de meilleur à Damas, la charge de quarante chameaux. Lorsqu'il fut arrivé, il se présenta à lui, et dit : Ton fils Ben Hadad, roi de Syrie, m'envoie vers toi pour dire: Guérirai-je de cette maladie ?
>
> Élisée lui répondit : Va, dis-lui : Tu guériras ! Mais L'ÉTERNEL m'a révélé qu'il mourra.
>
> L'homme de Dieu arrêta son regard sur Hazaël, et le fixa longtemps, puis il pleura.
>
> Hazaël dit : Pourquoi mon seigneur pleure-t-il ? Et Élisée répondit : Parce que je sais le mal que

tu feras aux enfants d'Israël; tu mettras le feu à leurs villes fortes, tu tueras avec l'épée leurs jeunes gens, tu écraseras leurs petits enfants, et tu fendras le ventre de leurs femmes enceintes.

Hazaël dit : Mais qu'est-ce que ton serviteur, ce chien, pour faire de si grandes choses ? Et Élisée dit : L'Éternel m'a révélé que tu seras roi de Syrie.

Hazaël quitta Élisée, et revint auprès de son maître, qui lui dit : Que t'a dit Élisée ? Et il répondit : Il m'a dit : Tu guériras !

Le lendemain, Hazaël prit une couverture, qu'il plongea dans l'eau, et il l'étendit sur le visage du roi, qui mourut. Et Hazaël régna à sa place.

2 Rois 8:7-15

Pleurer et crier font partie des manifestations les plus fréquentes du Saint Esprit. Ce sont des manifestations qui viennent quand l'onction du Seigneur vient sur les gens. Pleurer est l'une des émotions les plus profondes de l'homme. Il n'est pas facile de faire semblant de crier et de pleurer. Ce sont généralement des expressions et des réactions involontaires. J'ai essayé de me faire pleurer. Un jour, je voulais pleurer pendant ma prédication, parce que je me rendais compte de l'effet puissant que cela avait sur les auditeurs. J'ai essayé et essayé, mais je n'ai jamais réussi une seule fois à faire couler des larmes.

J'ai remarqué que les gens commencent à pleurer quand l'Esprit s'approche d'eux. Je remarque souvent que beaucoup de personnes se mettent à pleurer quand je leur impose les mains. Il y avait des moments où je commençais moi-même à pleurer quand j'imposais les mains à certaines personnes. Je me suis souvent demandé pourquoi. Je pense que la réponse est dans le texte ci-dessus.

Quand l'Esprit s'approche d'une personne, le Seigneur lui montre et lui révèle certaines choses qui touchent ses émotions les plus profondes. La personne commence à pleurer de façon incontrôlable, à cause de ce qu'elle voit ou réalise si clairement.

Sous l'onction, Élisée regarda Hazaël jusqu'à ce qu'il fût embarrassé. Élisée se mit alors à pleurer. Hazaël demanda à Élisée pourquoi il pleurait, et Élisée lui dit simplement ce qu'il voyait. Alors qu'Élisée regardait Hazaël, il vit un horrible assassin qui déclencherait un règne de terreur sur le peuple d'Israël. Le fait de se rendre compte combien cet homme debout devant lui serait brutal et meurtrier toucha très profondément le cœur d'Élisée et il se mit à pleurer. « **...puis il pleura. Hazaël dit : Pourquoi mon seigneur pleure-t-il ? Et Élisée répondit : Parce que je sais le mal que tu feras aux enfants d'Israël** ».

Élisée décrivit ensuite les détails des actes terribles que cet homme ferait à l'avenir. Il le vit mettre le feu à leurs maisons et tuer leurs jeunes hommes. Il vit aussi comment il allait éventrer les femmes enceintes et tuer leurs enfants : « **... tu mettras le feu à leurs villes fortes, tu tueras avec l'épée leurs jeunes gens, tu écraseras leurs petits enfants, et tu fendras le ventre de leurs femmes enceintes** ».

Un jour, j'ai imposé les mains à quelqu'un et j'ai immédiatement perçu les ambitions séculaires de cette personne. Une voix persistante s'agitait en moi et me dit : « Qu'est-ce que vous voulez d'autre ? De quoi avez-vous besoin ? Qu'est-ce que vous recherchez dans cette vie ? Est-ce que moi (le Seigneur), Je ne vous suffis pas ? » La futilité de la vie de cette personne, centrée sur le monde et sur tout ce qu'il avait à offrir, était si forte en moi que je me mis à pleurer de façon incontrôlable. Je n'avais pas pensé à ces choses, mais dès que je lui imposai les mains, mon esprit fut submergé de ces pensées et sentiments. J'étais submergé par cette émotion et je pleurai pitoyablement pour cet homme.

C'est exactement ce qui arriva à Élisée. Il fut submergé par les pensées et les sentiments de ce qu'Hazaël allait devenir et faire dans l'avenir.

...Et quand il (le Saint Esprit) sera venu, il convaincra...

Jean 16:8

Diverses manifestations puissantes

Le Saint Esprit a le pouvoir de nous convaincre de certaines choses. Il n'est pas étrange d'être brisé émotionnellement par une forte conviction.

> L'ÉTERNEL est élevé, car il habite en haut ; Il remplit Sion de droiture et de justice. Tes jours seront en sûreté ; la sagesse et l'intelligence sont une source de salut ; la crainte de
> L'ÉTERNEL, c'est là le trésor de Sion. Voici, les héros poussent des cris au dehors ; les messagers de paix PLEURENT AMÈREMENT.
>
> **Ésaïe 33:5-7**

2. Il y a de nombreux exemples de tremblement dans la Bible

> TREMBLANT et saisi d'effroi, il dit : Seigneur, que veux-tu que je fasse ? Et le Seigneur lui dit : Lève-toi, entre dans la ville, et on te dira ce que tu dois faire.
>
> **Actes 9:6**

> Ne me craindrez-vous pas, dit L'ÉTERNEL, NE TREMBLEREZ-VOUS PAS devant moi ? C'est moi qui ai donné à la mer le sable pour limite, limite éternelle qu'elle ne doit pas franchir ; ses flots s'agitent, mais ils sont impuissants ; ils mugissent, mais ils ne la franchissent pas.
>
> **Jérémie 5:22**

> J'AI ENTENDU... ET MES ENTRAILLES SONT ÉMUES. A CETTE VOIX, MES LÈVRES FRÉMISSENT, mes os se consument, et mes genoux chancellent : en silence je dois attendre le jour de la détresse, le jour où l'oppresseur marchera contre le peuple.
>
> **Habacuc 3:16**

> Puis il me dit : Daniel, homme bien-aimé, sois attentif aux paroles que je vais te dire, et tiens-toi debout à la place où tu es ; car je suis maintenant envoyé vers toi.

> **Lorsqu'il m'eut ainsi parlé, JE ME TINS DEBOUT EN TREMBLANT.**
>
> **Daniel 10:11**

3. Il y a de nombreux exemples d'**ÉBRANLEMENT DANS LA BIBLE**

> **Quand ils eurent prié, LE LIEU OÙ ILS ÉTAIENT ASSEMBLÉS TREMBLA ; ils furent tous remplis du Saint Esprit, et ils annonçaient la parole de Dieu avec assurance.**
>
> **Actes 4:31**

> **Tout à coup il se fit un grand tremblement de terre, en sorte que LES FONDEMENTS DE LA PRISON FURENT ÉBRANLÉS ; au même instant, toutes les portes s'ouvrirent, et les liens de tous les prisonniers furent rompus.**
>
> **Actes 16:26**

Il y a beaucoup d'expériences d'ébranlement rapportées dans la Bible. Vous trouverez souvent une sorte d'expérience d'ébranlement quand l'Esprit du Seigneur a touché quelque chose ou quelqu'un. Parfois, les gens tremblaient comme des feuilles et d'autres fois, il y avait des tremblements de terre. Parce que ces expériences ne sont pas regroupées ensemble dans une liste, elles passent souvent inaperçues. Elles font vraiment partie de l'œuvre du Saint Esprit .

J'ai remarqué comment les gens sont ébranlés, tremblent et entrent même en convulsion quand le Saint Esprit se manifeste. Faut-il s'étonner que ce fragile vaisseau humain tremble et soit ébranlé en présence du Dieu Tout-Puissant ?

Il est facile de critiquer ces choses de loin. Cependant, lorsque vous ferez l'expérience de la puissance, vous vous rendrez compte combien elle est réelle. Je me souviens d'une rencontre avec un homme qui tremblait de façon incontrôlable.

Je lui demandai : « Est-ce que cela vous est déjà arrivé ? »

Il me dit : « Non, jamais ».

Il continuait d'être ébranlé et de trembler de façon incontrôlable.

« Êtes-vous surpris de ce qui arrive ? », lui demandai-je.

« Très surpris, j'ai toujours cru que les gens faisaient semblant et fabulaient, mais maintenant je sais que c'est vrai ».

Mon cher ami, est-ce étrange si quelqu'un tremble sous la puissance de Dieu ?

> **Ne me craindrez-vous pas, dit L'ÉTERNEL, NE TREMBLEREZ-VOUS PAS DEVANT MOI ?...**
>
> **Jérémie 5:22**

4. Joie

La joie est un fruit du Saint Esprit. Quand le Saint Esprit se manifeste, il y a parfois des démonstrations de joie. Les manifestations évidentes de la joie sont le sourire, le rire, la danse, la course, les sauts, les applaudissements, le chant et même les pleurs.

Vous n'avez pas besoin d'être très instruit pour savoir que ce sont des expressions de joie. Serait-il étonnant de voir une de ces manifestations de joie parce que le Saint Esprit est à l'œuvre ?

> **Philippe, étant descendu dans la ville de Samarie, y prêcha le Christ... Et il y eut une grande JOIE dans cette ville.**
>
> **Actes 8:5.8**

> **Car le royaume de Dieu, ce n'est pas le manger et le boire, mais la justice, la paix et la JOIE, par le Saint Esprit.**
>
> **Romains 14:17**

> **Lui que vous aimez sans l'avoir vu, en qui vous croyez sans le voir encore, vous réjouissant d'une JOIE INEFFABLE ET GLORIEUSE.**
>
> **1 Pierre 1:8**

Alors notre bouche était remplie de cris de JOIE, et notre langue de chants d'allégresse ; alors on disait parmi les nations : L'ÉTERNEL a fait pour eux de grandes choses !

Psaume 126:2

Ils leur dirent : Allez, mangez des viandes grasses et buvez des liqueurs douces, et envoyez des portions à ceux qui n'ont rien de préparé, car ce jour est consacré à notre Seigneur ; ne vous affligez pas, CAR LA JOIE DE L'ÉTERNEL sera votre force.

Néhémie 8:10

Entretenez-vous par des psaumes, par des hymnes, et par des cantiques spirituels, CHANTANT et célébrant de tout votre cœur les louanges du Seigneur.

Éphésiens 5:19

Ne soyez pas surpris si vous voyez des gens avoir le fou rire dans le Saint Esprit. Ne critiquez personne si vous les voyez courir sous l'extase. Ils sont remplis de joie dans le Saint Esprit Ce sont simplement des manifestations de la joie qui nous est promise dans le Saint Esprit.

Je me souviens avoir observé un homme de Dieu durant son ministère. Il prêchait dans une certaine église pendant six semaines. Des réunions avaient lieu matin et soir. Quoi qu'il disait, les gens se mettaient simplement à rire. Ils éclataient simplement de rire de façon incontrôlable et recevaient le Saint Esprit pendant qu'il prêchait.

La Bible dit : « Quand l'Éternel ramena les captifs de Sion, nous étions comme ceux qui font un rêve. Alors notre bouche était remplie de cris de joie… » (Psaume 126, 1-2).

Il est merveilleux de voir le rire dans le Saint Esprit. C'est une merveille. Je vois Dieu vous oindre du rire saint!

La joie apporte la force

La joie du Seigneur est votre force. Quand vous êtes abattu et déprimé, vous êtes faible.

La dépression est la perte d'espoir. C'est la dépression qui pousse les gens à se tuer. Quand vous avez perdu l'espoir de façon extrême, vous commencez à penser à vous tuer. Vous voulez mourir parce qu'il n'y a pas d'espoir. Dieu veut nous donner un regain de joie dans le Saint Esprit !

5. Être frappé de mutisme

> **Et voici, tu seras muet, et tu ne pourras parler jusqu'au jour où ces choses arriveront, parce que tu n'as pas cru à mes paroles, qui s'accompliront en leur temps...**
>
> **Au même instant, sa bouche s'ouvrit, sa langue se délia, et il parlait, bénissant Dieu. La crainte s'empara de tous les habitants d'alentour, et, dans toutes les montagnes de la Judée, on s'entretenait de toutes ces choses.**
>
> **Tous ceux qui les apprirent les gardèrent dans leur cœur, en disant : Que sera donc cet enfant ? Et la main du Seigneur était avec lui.**
>
> **Luc 1:20. 64-66**

Une autre manifestation du Saint Esprit est quand Il vous frappe de mutisme. Zacharie fut muet pendant un certain temps parce qu'il n'avait pas cru l'ange.

Je me souviens d'une fois où Kenneth Hagin fut frappé de mutisme au milieu de son message. Il devint muet et ne put terminer son message. Nous étions tous assis là stupéfaits, alors que frère Hagin resta sans voix pendant plus de vingt minutes.

Dieu nous montre simplement que le Saint Esprit est là. Il est invisible, mais Il se rend visible à travers ces manifestations. C'est ce que nous appelons la *phanerosis* : rendre visible le grand Esprit Saint invisible.

6. Être frappé de cécité

Paul fut frappé de cécité. De façon intéressante, Paul fit l'expérience de plusieurs manifestations de l'Esprit au cours de son expérience de conversion.

Il « tomba par terre ».

Il « trembla ».

Il fut « frappé de cécité ».

> **Nous TOMBÂMES tous par terre, et j'entendis une voix qui me disait en langue hébraïque : Saul, Saul, pourquoi me persécutes-tu ? Il te serait dur de regimber contre les aiguillons.**
>
> **Actes 26:14**

> **TREMBLANT et saisi d'effroi, il dit : Seigneur, que veux-tu que je fasse ? Et le Seigneur lui dit : Lève-toi, entre dans la ville, et on te dira ce que tu dois faire. Les hommes qui l'accompagnaient demeurèrent stupéfaits ; ils entendaient bien la voix, mais ils ne voyaient personne. Saul se releva de terre, et, QUOIQUE SES YEUX FUSSENT OUVERTS, IL NE VOYAIT RIEN; on le prit par la main, et on le conduisit à Damas. Il resta trois jours sans voir, et il ne mangea ni ne but.... Ananias sortit ; et, lorsqu'il fut arrivé dans la maison, il imposa les mains à Saul, en disant : Saul, mon frère, le Seigneur Jésus, qui t'est apparu sur le chemin par lequel tu venais, m'a envoyé pour que tu recouvres la vue et que tu sois rempli du Saint Esprit.**
>
> **Actes 9:6-9.17**

7. Les cris

> Ils étaient frappés de sa doctrine ; car il enseignait comme ayant autorité, et non pas comme les scribes. Jésus le menaça, disant : Tais-toi, et sors de cet homme.

> Et l'esprit impur sortit de cet homme, en l'agitant avec violence, et EN POUSSANT UN GRAND CRI.
>
> Marc 1:22.25-26

> Philippe, étant descendu dans la ville de Samarie, y prêcha le Christ. Les foules tout entières étaient attentives à ce que disait Philippe, lorsqu'elles apprirent et virent les miracles qu'il faisait. Car des esprits impurs sortirent de plusieurs démoniaques, EN POUSSANT DE GRANDS CRIS, et beaucoup de paralytiques et de boiteux furent guéris. Et il y eut une grande joie dans cette ville.
>
> Actes 8:5-8

Ne soyez pas surpris quand vous voyez des gens crier, hurler, pleurer et coucher sur le sol pendant un service dans lequel le Saint Esprit se manifeste pleinement. Je préférerais être comme Jésus que de suivre les ordres de certains chrétiens rigides et trop justes. Jésus eut des manifestations où Il cria, alors j'en aurai aussi.

8. La chaleur et le feu

> Moi, je vous baptise d'eau, pour vous amener à la repentance ; mais celui qui vient après moi est plus puissant que moi, et je ne suis pas digne de porter ses souliers. Lui, il vous baptisera du Saint Esprit et de FEU.
>
> Matthieu 3:11

> Jean leur dit à tous : Moi, je vous baptise d'eau ; mais il vient, celui qui est plus puissant que moi, et je ne suis pas digne de délier la courroie de ses souliers. Lui, il vous baptisera du Saint Esprit et de FEU.
>
> Luc 3:16

Baptiser d'eau veut dire verser de l'eau sur vous ou vous mettre dans l'eau. Baptiser de feu veut dire verser le feu sur vous ou vous mettre dans le feu. Si vous êtes baptisés d'eau, vous

vous sentirez froid et humide. Il est bien évident que si vous êtes baptisés de feu, vous sentirez un peu de chaleur.

J'ai entendu diverses personnes témoigner d'une sensation de brûlure ou de « chaleur » sur tout le corps. J'ai aussi entendu des gens témoigner d'une sensation de chaleur sur des parties spécifiques du corps. En général, ces expériences indiquent que le Seigneur vous baptise de feu. Très souvent, les gens font l'expérience de la guérison quand ils sentent le baptême ou le feu venir sur eux.

Je me rappelle une époque où je ressentais souvent de la chaleur et une sensation de brûlure dans l'une de mes mains. C'était une expérience étrange pour moi, parce qu'elle revenait sans cesse et je ne savais pas ce que cela signifiait. Cette expérience de chaleur dans la main revenait sans cesse. Avec le recul, je me rends compte que c'était quand je commençais à travailler dans le ministère de guérison. Je crois que Dieu baptisait ou mettais le feu sur moi, et c'est pourquoi je sentais cette chaleur dans la main. Quand Dieu vous aura baptisé de feu, vous pourrez marcher dans l'onction qui détruit le joug.

Des langues, semblables à des langues de feu, leur apparurent, séparées les unes des autres, et se posèrent sur chacun d'eux. Et ils furent tous remplis du Saint Esprit, et se mirent à parler en d'autres langues, selon que l'Esprit leur donnait de s'exprimer.
Actes 2:3-4

Ayez foi que c'est ça !

Quand le Saint Esprit arriva le jour de la Pentecôte, il y eut un grand vacarme dans la ville. Certains pensaient que ceux qui parlaient en langues étaient ivres. D'autres pensaient que les disciples étaient fous. Je suis sûr qu'il y avait un grand groupe de gens qui ne savait pas ce qui se passait.

L'Apôtre Pierre, à l'invitation du Seigneur, se leva au milieu de la confusion et déclara hardiment : « C'est ça! » Que voulait-il dire par « c'est ça » ?

Alors Pierre, se présentant avec les onze, éleva la voix, et leur parla en ces termes : Hommes Juifs, et vous tous qui séjournez à Jérusalem, sachez ceci, et prêtez l'oreille à mes paroles ! Ces gens ne sont pas ivres, comme vous le supposez, car c'est la troisième heure du jour. Mais C'EST ICI ce qui a été dit par le prophète Joël...

Actes 2:14-16

C'est ce qui a été dit par le prophète Joël. L'une des plus grandes clés pour suivre le surnaturel est de croire que ce que vous voyez est ce pour quoi vous avez confiance en Dieu. Pierre aurait pu douter qu'il voyait ce que le prophète Joël avait annoncé. Au lieu de cela, il déclara hardiment qu'il voyait le surnaturel.

Le prophète Éli dut souligner cette même vérité à Samuel. Il dut dire à Samuel : « C'est ça ! » La voix que tu entends est le Saint Esprit. Lorsque vous aurez la foi du « c'est ça », vous pourrez accepter les événements surnaturels de votre vie. Quand vous entendrez la voix de l'Esprit parlez à votre esprit, vous ne direz plus que c'est juste une pensée.

Un jour, pendant un de mes services, une jeune femme se mit à crier, à se tordre et à se tortiller. Quatre hommes forts durent la tenir. Alors que j'exerçais mon ministère envers elle, elle devint soudain immobile et s'effondra par terre. Je me demandais : « Qu'est-ce qui est arrivé ? » Le Saint Esprit me dit : « C'est ça ! » Actes 8,5-8 était revécu.

Philippe, étant descendu dans la ville de Samarie, y prêcha le Christ. Les foules tout entières étaient attentives à ce que disait Philippe, lorsqu'elles apprirent et virent les miracles qu'il faisait. Car des esprits impurs sortirent de plusieurs démoniaques, en poussant de grands cris, et beaucoup de paralytiques et de boiteux furent guéris. Et il y eut une grande joie dans cette ville.

Actes 8:5-8

C'était un signe des mauvais esprits qui sortaient des gens en criant et en les jetant à terre. C'est ce qui arrivait quand Jésus priait pour quelqu'un d'opprimé par un esprit impur.

Et aussitôt que l'enfant vit Jésus, L'ESPRIT L'AGITA AVEC VIOLENCE ; IL TOMBA PAR TERRE, ET SE ROULAIT EN ÉCUMANT. Jésus demanda au père : Combien y a-t-il de temps que cela lui arrive ? Depuis son enfance, répondit-il. Et souvent l'esprit l'a jeté dans le feu et dans l'eau pour le faire périr. Mais, si tu peux quelque chose, viens à notre secours, aie compassion de nous.

Jésus lui dit : Si tu peux !... Tout est possible à celui qui croit. Aussitôt le père de l'enfant s'écria : Je crois ! viens au secours de mon incrédulité ! Jésus, voyant accourir la foule, menaça l'esprit impur, et lui dit : Esprit muet et sourd, je te l'ordonne, sors de cet enfant, et n'y rentre plus. Et il sortit, en poussant des cris, et en l'agitant avec une grande violence. L'enfant devint comme mort, de sorte que plusieurs disaient qu'il était mort.

Marc 9:20-26

Après son ministère envers un jeune garçon, il cria, se convulsa et tomba comme mort. Qu'est-ce qui arrivait ? Certains analystes modernes auraient dit : « C'est le sommeil post critique. C'est un soulagement temporaire ». Mais Jésus dit : « C'est ça. Il est guéri ».

Nous les avions tous chassés sauf un

Il y a plusieurs années, je participai à un service pour chasser trente-six démons d'une jeune étudiante. Pendant quatre heures, nous avons luté pour essayer de délivrer la jeune fille des puissances maléfiques. Des trente-six démons, tous avaient été chassés sauf le dernier. Nous commandions à l'esprit de sortir, mais d'une façon ou d'une autre, nous n'arrivions pas à croire que cette fille avait été effectivement délivrée.

On appela un chrétien plus âgé et expérimenté. Après son arrivée, il dit à l'esprit : « Je t'ordonne de sortir au nom de Jésus ». Après cela, il demanda à la jeune fille (tout comme nous l'avions fait), « Comment t'appelles-tu ? » Elle répondit normalement, comme elle nous avait répondu. Il se tourna alors vers nous et dit : « Elle va bien ».

« Quoi ! », pensai-je, « c'est tout ? »

Vous voyez, ce chrétien ancien croyait que c'était ça ! C'était la délivrance ! Elle était libre. Sa liberté fut prouvée dans les semaines suivantes.

Est-ce que cela n'arrive qu'aux femmes ?

Mais EXAMINEZ TOUTES CHOSES ; retenez ce qui est bon.

1 Thessaloniciens 5:21

Acceptez les choses surnaturelles, mais examinez-les. Suivez-les, mais testez-les. J'aime appeler les gens et leur demander : « Pourquoi se fait-il que vous soyez tombé sous la puissance quand j'ai prié pour vous ? »

Pendant un service de miracle, je demandai à un pasteur : « Est-ce que vous êtes déjà tombé sous la puissance ? »

« Oui ! », répondit-il.

« Étiez-vous surpris ? », demandai-je.

« Oui, très surpris ! »

« Pourquoi étiez-vous surpris ? »

Il rit et me dit : « Je pensais que cela n'arrivait qu'aux femmes ». Il poursuivit : « Quand vous m'avez demandé d'avancer pour prier pour moi, je me suis dit, cette chose ne m'arrivera jamais ». Je me suis avancé avec la volonté de résister à une telle chute. Mais avant que je puisse réaliser, j'étais par terre ».

Si c'est réel, c'est réel !

Une femme me dit : «Vous avez prié pour moi de nombreuses fois, mais je ne suis jamais tombée sous la puissance. Je n'y croyais pas beaucoup ». Je sentais moi-même qu'elle ne croyait pas beaucoup en la puissance de Dieu. Quand vous imposez les mains aux gens, vous pouvez parfois dire qu'ils reçoivent quelque chose ou non.

Quand ce fut le tour de prier pour cette femme, la puissance de Dieu vint sur elle et elle tomba par terre.

Elle me dit plus tard : « J'étais tellement surprise ».

Je lui demandai de se lever à nouveau et je priai pour elle une seconde fois. Elle tomba aussitôt par terre. Je sentais qu'elle était surprise, alors je voulais qu'elle soit absolument certaine que la puissance de Dieu était réelle. Je priai pour elle une troisième fois. Elle s'effondra par terre pour la troisième fois.

Je demandai alors aux placeurs de la relever.

Elle me dit plus tard : « Après la troisième fois, j'ai décidé que cela n'arriverait plus jamais ! »

« Je ne me permettrai pas de tomber à nouveau ».

Je ne savais pas ce qui se passait dans son esprit, mais je décidai de prier à nouveau pour elle. Dès que ma main la toucha, elle s'effondra par terre. Elle gisait sur le sol comme inconsciente pendant plusieurs minutes. On la porta sur son siège, impuissante, sous la puissance de Dieu.

Mon ami, le surnaturel est réel. Quand vous sortirez du naturel, de la pensée humaine, vous commencerez à recevoir et à faire l'expérience de la puissance surnaturelle de Dieu.

Comment John Wesley fit l'expérience de la phanerosis

John Wesley est né en 1703 et décédé en 1771. Il est probablement le plus connu de tous les prédicateurs de réveil. Wesley, brillant élève et professeur d'Oxford, se convertit à l'âge de trente-cinq ans et devint le fondateur du mouvement méthodiste. John Wesley fit l'expérience de presque tous les mêmes phénomènes qui ont lieu aujourd'hui.

En avril 1739, Wesley prêchait à la prison de Newgate à Bristol. Wesley écrit que, tandis qu'il prêchait :

L'UNE TOMBA À TERRE, PUIS UNE AUTRE, ET ENCORE UNE AUTRE : ELLES TOMBAIENT DE TOUS CÔTÉS comme foudroyées. L'une d'entre elles criait à haute voix. Nous avons imploré Dieu pour elle et Il changea sa lourdeur en joie. Une autre étant dans la même angoisse, nous avons prié Dieu pour elle aussi, et Il donna des paroles de paix à son âme...

Le lendemain, un médecin qui soupçonnait la supercherie ou la fraude accompagna Wesley à la prison pour voir par lui-même. Il observa de près une femme qui :

Se mit à CRIER ET À PLEURER TRÈS FORT. Il alla se placer près d'elle et observa chaque symptôme, jusqu'à ce que de grosses gouttes de sueur coulent sur son visage, et TOUS SES OS TREMBLAIENT. Il sut alors quoi penser, étant bien convaincu que ce n'était pas de la fraude ni même aucun trouble naturel. Mais quand l'âme et le corps furent guéris en un instant, il reconnut le doigt de Dieu.

Wesley note :

Beaucoup d'autres furent portées à se coucher par terre. Toutes étaient en larmes, criant, priant, rugissant à haute voix, TOUTES GISAIENT PAR TERRE. Quand je commençai à prier, la flamme s'alluma. BEAUCOUP CRIAIENT à haute voix, BEAUCOUP TOMBAIENT par terre, beaucoup tremblaient de façon excessive.

Tout au long de sa vie, Wesley fut le témoin de phénomènes de réveil tellement incroyables que même si Dieu se servait de sa prédication, il était constamment étonné. Dans son journal du 29 juillet 1759, Wesley enregistre un certain nombre d'exemples qui se produisirent pendant sa prédication :

PLUSIEURS TOMBÈRENT PAR TERRE, *certains d'entre eux semblant morts, d'autres dans les souffrances de la mort, la violence de leurs* **CONVULSIONS CORPORELLES DÉPASSANT TOUTE DESCRIPTION...** *un enfant de sept ans eut beaucoup de visions et étonna ses voisins avec sa façon innocente et impressionnante de les raconter.*

Décrivant la même réunion, Wesley détailla comment la puissance de Dieu sortit alors dans le cimetière. Les gens furent touchés au-delà de ce qu'il pouvait décrire. Un homme fut « blessé par le Seigneur » tandis que d'autres essayaient de le retenir :

SON PROPRE TREMBLEMENT ÉTAIT PLUS FORT QUE CELUI D'UN LINGE AU VENT. *Il semblait que le Seigneur survenait sur lui comme un géant, le prenant par le cou et secouant tous ses os pour les rompre en morceaux...* **UN AUTRE HURLAIT ET CRIAIT...** *certains continuèrent longtemps comme s'ils étaient morts, mais avec une calme douceur dans leurs regards.* **J'EN VIS UNE COUCHÉE DEUX OU TROIS HEURES EN PLEIN AIR,** *puis qu'on transporta dans la maison, toujours insensible pendant une heure de plus, comme si elle était vraiment morte. Le premier signe de vie qu'elle manifesta fut un ravissement de louanges mêlé d'un petit rire joyeux...*

Quatre jours plus tard :

Pendant que je priais avec eux, beaucoup vinrent dans la maison, **CERTAINS ÉCLATANT D'UN RIRE ÉTRANGE ET INVOLONTAIRE,** *de sorte qu'on entendait à peine ma voix, et quand je m'efforçai de parler plus fort, un enrouement soudain s'empara de moi.* **PUIS LES RIRES REDOUBLÈRENT...**

Une semaine plus tard, Wesley écrit :
J'ai généralement plus ou moins observé ces symptômes extérieurs au début d'une œuvre générale de Dieu. Cela arriva en Nouvelle-Angleterre, en Écosse, en Hollande, en Irlande et dans de nombreuses parties de l'Angleterre...

Comment Jonathan Edwards fit l'expérience de la *phanerosis*

Jonathan Edwards est né en 1703 et décédé en 1758. Richard Lovelace, professeur de séminaire, croit que « Jonathan Edward pourrait bien être le plus grand théologien et philosophe américain, et peut-être aussi le plus grand esprit que l'Amérique ait jamais produit ». Edwards fit l'expérience directe des manifestations du Saint Esprit et devint le principal porte-parole du travail de renouveau, essayant de combler l'abîme difficile entre l'excès émotionnel et la liberté de l'Esprit manifestée par les phénomènes. Sarah, épouse d'Edward et mère de onze enfants, connut sa propre visite majeure de Dieu et fut paralysée pendant dix-sept jours. Edwards soutint et bénit les grâces de Dieu chez son épouse et d'autres.

C'était très fréquent de voir une maison pleine de **CRIS, D'ÉVANOUISSEMENTS, DE CONVULSIONS ET DE CHOSES SEMBLABLES,** *à la fois dans l'angoisse et aussi l'admiration et la joie.*

Ce n'était pas la coutume ici d'avoir des réunions toute la nuit, comme ailleurs, il n'était pas non plus courant de les poursuivre très tard dans la nuit, mais il arrivait souvent **QUE CERTAINS SOIENT TELLEMENT AFFECTÉS,** *et leurs corps si accablés,* **QU'ILS NE POUVAIENT PAS RENTRER CHEZ EUX,** *mais ils étaient obligés de rester toute la nuit où ils étaient... et il y eut des cas de personnes se trouvant dans une sorte de transe,* **RESTANT PEUT-ÊTRE VINGT-QUATRE HEURES IMMOBILES,** *leurs sens obturés ; mais en même temps avec de fortes imaginations, comme s'ils allaient au ciel et y avaient une vision d'objets magnifiques et exquis.*

Mais quand les gens étaient élevés à cette hauteur, Satan en profitait, et son intervention, dans de nombreux cas, devint très vite apparente : beaucoup de prudence et de douleurs furent jugées nécessaires pour empêcher beaucoup d'entre eux de se déchaîner.

Chapitre 14

Comment les noms de Dieu libèrent la puissance de Dieu

Dieu s'est toujours présenté sous des noms différents. Pourquoi fait-Il cela ? Pour montrer Ses différents aspects ! Ces différents noms expliquent les différentes dimensions de la puissance de Dieu.

Différents noms sont utilisés pour le Seigneur dans la Bible. Il S'est présenté comme El Shaddai à Abraham. À une autre occasion, Il S'est présenté à Abraham comme Jéhovah Jireh. Puis Il S'est présenté à Moïse comme Je suis qui Je suis. À une autre occasion, Il S'est présenté à Moïse comme Jéhovah Rophe. Une autre fois, Il S'est présenté comme Jéhovah Shalom à Gédéon. À chaque fois que Dieu S'est présenté sous un autre nom, Il a fait des choses différentes.

Vous pouvez appeler un homme que vous connaissez votre frère, votre père, votre oncle, votre ami, votre mari, votre collègue, votre partenaire ou votre copain. Chacun de ces titres reflète un autre type de relation. Chacun de ces titres reflète une expérience différente que vous avez avec la même personne. Il est important d'apprendre à connaître Dieu par Ses différents noms. Si vous apprenez à connaître Dieu comme El Shaddai, vous Le connaitrez comme le Dieu qui procure tout ce qui suffit. Si vous apprenez à connaître Dieu comme Jéhovah Rophe, vous Le connaitrez comme guérisseur. Dieu est beaucoup de choses et c'est à nous de développer notre foi pour recevoir Dieu dans Ses différents rôles.

Douze noms de Dieu

1. Élohim

> Au commencement, Dieu *(ÉLOHIM)* créa les cieux et la terre.
>
> Genèse 1:1

Tout au début de la Bible, le nom de Dieu est mentionné à plusieurs reprises. Le nom de Dieu utilisé au chapitre un de la Genèse est « *Élohim* ». *Élohim* décrit Dieu en tant que Créateur. La créativité est un aspect du caractère de Dieu. La capacité créatrice de l'homme vient de Dieu. Le pouvoir d'invention est un don de Dieu. Quand l'homme a été créé à l'image de Dieu, il a aussi été béni avec la nature créatrice de Dieu. L'histoire de la création révèle donc la nature créatrice de Dieu.

2. El Shaddai

> Lorsque Abram fut âgé de quatre-vingt-dix-neuf ans, l'Éternel apparut à Abram, et lui dit : Je suis le Dieu tout puissant (EL SHADDAI). Marche devant ma face, et sois intègre.
>
> Genèse 17:1

Plus loin dans la Bible, nous voyons Dieu Se présenter à Abraham comme *El Shaddai.*

Le nom de Dieu utilisé dans ce verset est « *El Shaddai* ». *El Shaddai* veut dire « le puissant avec beaucoup de poitrine », ou « le puissant à la poitrine ». Voyez-vous, la poitrine répond à tous les besoins du bébé. C'est la viande du bébé, ses céréales, ses vitamines, ses minéraux, son lait, sa bouillie et son eau potable. Un bébé qui boit le lait maternel n'a besoin de rien d'autre. Alors quand Dieu S'est présenté à Abraham comme *El Shaddai,* Il voulait dire : « Je suis le Tout-Puissant qui a tout ce dont tu auras besoin ». Je vois Dieu vous donner tout ce dont vous aurez besoin !

3. Jéhovah

> Dieu parla encore à Moïse, et lui dit : Je suis l'Éternel. Je suis apparu à Abraham, à Isaac et à Jacob, comme le Dieu tout puissant ; mais je n'ai pas été connu d'eux sous mon nom, JÉHOVAH.
>
> Exode 6:2-3

Plus loin, Dieu confirme à Moïse le nom « *Jéhovah* », « YHWH » en hébreu, l'équivalent de « Je suis », celui qui tient ses promesses.

Son nom « *Jéhovah* » est combiné avec d'autres mots pour révéler les nombreux aspects de Sa nature de tenir Ses promesses et Ses différentes façons de les remplir.

4. Je suis celui qui suis

> Moïse dit à Dieu : J'irai donc vers les enfants d'Israël, et je leur dirai : Le Dieu de vos pères m'envoie vers vous. Mais, s'ils me demandent quel est son nom, que leur répondrai-je ? Dieu dit à Moïse : **JE SUIS CELUI QUI SUIS (EHAYEH ASHER EHAYEH)**. Et il ajouta : C'est ainsi que tu répondras aux enfants d'Israël: Celui qui s'appelle 'JE SUIS' m'a envoyé vers vous.
>
> Exode 3:13-14

Une autre fois, nous voyons Dieu Se révéler à Moïse d'une manière différente. Il Se décrit comme : « Je suis celui qui suis », « Ehayeh Asher Ehayeh » en hébreu.

« Je suis celui qui suis » veut dire « le Dieu qui existe ». Mais cela veut aussi dire « le Seigneur qui garde Ses promesses ». Dieu allait amener Moïse et les Israélites dans la Terre Promise et Il lui disait : « Je suis le Dieu qui garde Son alliances et conclut des accords. Je ne romps pas mes accords ».

Nous voyons donc Dieu dans les Écritures Se présenter de différentes façons, selon les situations différentes.

5. Jéhovah-Nissi : l'Éternel notre bannière

Moïse bâtit un autel, et lui donna pour nom : JEHOVAH-NISSI. Il dit : Parce que la main a été levée sur le trône de L'ÉTERNEL, il y aura guerre de L'ÉTERNEL contre Amalek, de génération en génération.

Exode 17:15-16

Quand vous connaissez Dieu en tant que Jéhovah-Nissi, vous Le connaissez comme le victorieux qui est une bannière sur vous dans toutes vos batailles. Dieu vous aidera à combattre et à gagner la guerre du ministère.

6. Jéhovah-Jireh : l'Éternel verra ou pourvoira

Abraham répondit : Mon fils, Dieu se pourvoira lui-même de l'agneau pour l'holocauste. Et ils marchèrent tous deux ensemble.

Lorsqu'ils furent arrivés au lieu que Dieu lui avait dit, Abraham y éleva un autel, et rangea le bois. Il lia son fils Isaac, et le mit sur l'autel, par-dessus le bois.

Puis Abraham étendit la main, et prit le couteau, pour égorger son fils.

Alors l'ange de L'ÉTERNEL l'appela des cieux, et dit : Abraham ! Abraham ! Et il répondit : Me voici !

L'ange dit : N'avance pas ta main sur l'enfant, et ne lui fais rien ; car je sais maintenant que tu crains Dieu, et que tu ne m'as pas refusé ton fils, ton unique.

Abraham leva les yeux, et vit derrière lui un bélier retenu dans un buisson par les cornes ; et Abraham alla prendre le bélier, et l'offrit en holocauste à la place de son fils.

Abraham donna à ce lieu le nom de **JÉHOVA JIREH**. C'est pourquoi l'on dit aujourd'hui : À la montagne de L'ÉTERNEL il sera pourvu.

Genèse 22:8-14

Abraham rencontra Dieu comme celui qui pourvoit. Au cours de ces dernières années, l'Église de Dieu a fait l'expérience de Dieu comme Jéhovah Jireh, celui qui procure la richesse et les bénédictions matérielles. Malheureusement, ces bénédictions matérielles ont aussi conduit à la régression de l'église. Il ne fait aucun doute que dans le passé, l'Église ne connaissait pas Dieu comme celui qui pourvoit. On considérait Dieu comme quelqu'un qui voulait que nous soyons pauvres et que nous subissions des pertes dans tous les domaines. Grâce à l'enseignement sur la prospérité, l'église s'est ouverte pour accepter Dieu comme Jéhovah Jireh, celui qui pourvoit.

7. Jéhovah-Shalom : l'Éternel notre paix

> Gédéon entra, prépara un chevreau, et fit avec un épha de farine des pains sans levain. Il mit la chair dans un panier et le jus dans un pot, les lui apporta sous le térébinthe, et les présenta.
>
> L'ange de Dieu lui dit : Prends la chair et les pains sans levain, pose-les sur ce rocher, et répands le jus. Et il fit ainsi. L'ange de L'ÉTERNEL avança l'extrémité du bâton qu'il avait à la main, et toucha la chair et les pains sans levain. Alors il s'éleva du rocher un feu qui consuma la chair et les pains sans levain.
>
> Et l'ange de L'ÉTERNEL disparut à ses yeux. Gédéon, voyant que c'était l'ange de L'ÉTERNEL, dit : Malheur à moi, Seigneur Éternel ! car j'ai vu l'ange de l'Éternel face à face. Et l'Éternel lui dit : Sois en paix, ne crains point, tu ne mourras pas.
>
> Gédéon bâtit là un autel à L'ÉTERNEL, et lui donna pour nom l'Éternel paix (**JÉHOVAH-SHALOM**) : il existe encore aujourd'hui à Ophra, qui appartenait à la famille d'Abiézer.
>
> Juges 6:19-24

Gédéon, qui jugeait Israël, connut le Seigneur comme quelqu'un qui apporta la paix dans sa vie. Certains sont incapables de vivre en paix les uns avec les autres, même s'ils sont chrétiens.

Ils peuvent connaître Dieu comme celui qui fournit les richesses, mais pas comme celui qui apporte la paix dans leur vie. Il est important de mettre de côté les conflits, même si vous venez d'une tribu ou d'une nation qui est toujours en conflit avec les autres. Dieu est un Dieu de paix. Vous devez apprendre à Le connaître comme Jéhovah Shalom.

8. Jéhovah-Tsidqenuw : l'Éternel notre justice

> En son temps, Juda sera sauvé, Israël aura la sécurité dans sa demeure ; et voici le nom dont on l'appellera : L'ÉTERNEL NOTRE JUSTICE (*JÉHOVAH-TSIDQENUW*).
>
> Jérémie 23:6

Dieu est un Dieu juste et il est important de Le connaître comme celui qui vous rend juste. Personne n'est juste, pas même un seul. À moins que le Seigneur ne nous rende justes par le sang de Jésus, nous resterons dans notre crasse.

9. Jéhovah-Sabaoth : l'Éternel des armées

> Chaque année, cet homme montait de sa ville à Silo, pour se prosterner devant L'ÉTERNEL DES ARMÉES (**JÉHOVAH SABAOTH**) et pour lui offrir des sacrifices. Là se trouvaient les deux fils d'Éli, Hophni et Phinées, sacrificateurs de l'Éternel.
>
> 1 Samuel 1:3

Quand vous grandirez dans le ministère, vous reconnaîtrez que le ministère est vraiment une guerre. L'Éternel des armées est le commandant en chef des armées du Seigneur. C'est un soldat et Il comprend la guerre. Quand vous grandirez dans votre compréhension et votre engagement dans la volonté de Dieu, vous expérimenterez Dieu en tant que chef de Ses armées, avec vous comme l'un de Ses principaux soldats.

10. Jéhovah-Shammah : l'Éternel est présent

> Et les portes de la ville d'après les noms des tribus d'Israël, trois portes au nord : la porte de Ruben, une, la

porte de Juda, une, la porte de Lévi, une. Du côté oriental quatre mille cinq cents cannes, et trois portes : la porte de Joseph, une, la porte de Benjamin, une, la porte de Dan, une.

Du côté méridional quatre mille cinq cents cannes, et trois portes : la porte de Siméon, une, la porte d'Issacar, une, la porte de Zabulon, une. Du côté occidental quatre mille cinq cents cannes, et trois portes : la porte de Gad, une, la porte d'Aser, une, la porte de Nephthali, une. Circuit : dix-huit mille cannes. Et, dès ce jour, le nom de la ville sera : L'ÉTERNEL EST ICI (**JÉHOVAH SHAMMAH**).

Ezéchiel 48:31-35

Faire l'expérience de la présence du Seigneur est une chose grande et importante. La présence du Seigneur est souvent le seul signe pour reconnaitre si quelqu'un marche avec Dieu. Vous devez grandir et commencer à connaître Dieu comme quelqu'un qui est vraiment présent d'une manière démontrable. Peu de gens connaissant Dieu comme Jéhovah Shammah. Ils peuvent Le connaître comme Jéhovah Jireh ou El Shaddai, mais connaissent Sa présence.

11. Jéhovah Rohi :

L'ÉTERNEL est mon berger (**JÉHOVAH ROHI**) : je ne manquerai de rien.

Psaume 23:1

Connaître le Seigneur en tant que berger, c'est connaître le Seigneur comme guide, consolateur et leader. Beaucoup de gens ne sont pas conduits par le Seigneur d'une manière personnelle. Dieu peut vous conduire tous les jours et vous montrer où aller, quoi dire et quoi faire. Connaître Dieu comme Jéhovah Rohi et apprendre à être conduit par l'Esprit est peut-être la compétence la plus importante que chaque chrétien doit avoir. Je vous recommande Dieu comme Jéhovah Rohi : celui qui vous conduit comme un berger.

12. Jéhovah Rophe: l'Éternel notre guérisseur

> Il dit : Si tu écoutes attentivement la voix de l'Éternel, ton Dieu, si tu fais ce qui est droit à ses yeux, si tu prêtes l'oreille à ses commandements, et si tu observes toutes ses lois, je ne te frapperai d'aucune des maladies dont j'ai frappé les Égyptiens ; car je suis **L'ÉTERNEL, QUI TE GUÉRIT (JÉHOVAH ROPHE)**.
>
> Exode 15:26

Nous arrivons finalement à Jéhovah comme guérisseur. Nous L'avons connu comme celui qui fournit l'argent, les finances et les ressources. Nous L'avons connu comme guide. Nous L'avons connu comme berger. Nous avons connu Sa présence. Nous L'avons connu comme créateur. Nous L'avons connu comme commandant des armées. Nous L'avons connu comme quelqu'un qui nous donne la paix dans cette vie. Il est maintenant temps de Le connaître comme guérisseur. Quand le Seigneur faisait sortir les Israélites d'Égypte, Il les choqua en Se présentant à eux comme médecin, spécialiste et guérisseur. Quel choc ! Quand vous connaissez Dieu comme guérisseur, vous pouvez servir les gens comme Jésus. Jésus n'est pas seulement un Jésus qui enseigne. C'est un Jésus qui guérit, c'est un Jésus guérisseur : Jéhovah Rophe !

Comment recevoir de Jéhovah Rophe

Quand Dieu sauva son peuple d'Israël de l'Égypte, Il se présenta à eux comme « *le Seigneur qui te guérit* ». Les mots hébreux pour l'expression « Dieu qui te guérit » sont « **Jéhovah Rophe** ». Le nom « **Jéhovah Rophe** » veut dire « *le Seigneur ton docteur* », « *le Seigneur ton médecin* » ou « *le Seigneur ton guérisseur* ».

Quand Dieu Se présenta ici dans Exode, Il disait : « Laissez-moi vous montrer une nouvelle facette de moi-même, permettez-moi de vous montrer une autre facette de ma nature. Je suis l'Éternel, le médecin, un spécialiste ». Il est le Seigneur, votre guérisseur et votre spécialiste !

Quand nous parlons de guérison, la plupart d'entre nous pensons seulement aux maux physiques, Il existe cependant de nombreux domaines de notre vie qui ont besoin de guérison. Dieu veut guérir tous les aspects de nos vies. Il veut venir dans nos vies comme l'Éternel, le spécialiste. Alors qu'est-ce que « *Rophe* » veut dire ? « *Rophe* » est un mot hébreu qui veut dire « guérir » ou « réparer ».

Sept dimensions de Jéhovah Rophe

1. « *Rophe* » veut dire « **empêcher la maladie** ».

Jéhovah Rophe a dit qu'Il empêcherait les maladies qui sont sur les Égyptiens de venir sur Israël. La capacité d'être en vie vient du Seigneur. Si vous vous trouvez en vie, vous devez savoir que c'est Dieu qui vous a permis d'être ici. Le souffle en vous, mon frère, vient du Seigneur. C'est Dieu qui vous empêche de tomber malade. Si vous n'attrapez pas une maladie en particulier, cela veut dire que *Jéhovah Rophe*, l'Éternel qui te guérit, vous a empêché d'attraper cette maladie !

2. « *Rophe* » veut dire « **guérir** ».

« *Guérir* » veut dire « *devenir ou rendre quelque chose sain* », « *guérir quelqu'un qui est malade* », « *rendre quelqu'un heureux à nouveau* », « *mettre un terme à quelque chose ou rendre quelque chose plus facile à supporter* ».

Cela veut dire « *guérir et rétablir la santé* ». C'est ce que l'Éternel Rophe fait pour vous.

De nombreuses maladies sont physiquement incurables, spécialement les maladies qui sont en lien avec l'esprit et les émotions. Dieu est capable de guérir les fardeaux complexes de la race humaine.

Comme vous pouvez le voir, « *guérir* » veut aussi dire « *rendre quelqu'un heureux à nouveau* ». Cela veut aussi dire rendre quelque chose plus facile à supporter. Cette incroyable définition du dictionnaire du mot « guérir » ouvre de nombreuses nouvelles dimensions pour le ministère de guérison. Dieu vous rendra à nouveau heureux.

3. « *Rophe* » veut dire « **réparer** ».

« *Réparer* » veut dire « *réparer quelque chose qui est cassé, endommagé ou abimé* » ; cela signifie aussi « *dire ou faire quelque chose pour améliorer une situation mauvaise ou désagréable* ».

Quand Dieu Se révéla comme *Jéhovah Rophe*, Il voulait dire : « Je suis le Seigneur qui répare ». Vous regrettez peut-être certaines de vos actions et souhaitez que les choses ne se soient pas passées de cette façon. Mais Dieu Se présente comme celui qui peut réparer. Dieu désire réparer son ouvrage endommagé et taché. Il veut réparer les hommes brisés et les restaurer. C'est parce que les hommes sont le couronnement de Son œuvre. Dieu a promis de réparer complètement la Terre et la création.

4. « *Rophe* » veut dire « **restaurer** ».

« *Restaurer* » veut dire « *ramener une situation ou un sentiment qui existait avant* » ou « *ramener quelque chose à un état, un lieu ou une position antérieur* ».

Quand Dieu se manifeste comme *Jéhovah Rophe*, Il ramènera un sentiment de bien-être.

5. « *Rophe* » veut dire « **raccommoder** ».

« *Raccommoder* » veut dire « *réparer quelque chose qui a été endommagé ou cassé, afin qu'il puisse être à nouveau utilisé* » ou « *recouvrer la santé après avoir été malade* ».

Dieu est en train de raccommoder votre vie pour pouvoir se servir à nouveau de vous pour Sa gloire. Dieu est en train de raccommoder votre vie brisée et vos relations endommagées pour Sa gloire.

6. « *Rophe* » veut dire « **retaper** ».

« *Retaper* » veut dire « *réparer ou corriger quelque chose* ».

Jéhovah Rophe veut dire : « *Je suis le Seigneur qui répare toutes les situations et le Seigneur qui retape les choses* ». Beaucoup d'entre nous ont des situations dans nos vies qui ont besoin d'être retapées et ajustées. Dieu introduit des circonstances dans nos vies pour ajuster et retaper les choses.

Je vois le Seigneur corriger toutes les situations tordues de votre vie.

7. « *Rophe* » veut dire « **rétablir** ».

« *Rétablir* » veut dire « *rendre à nouveau la santé à quelqu'un après une maladie* » et « *Faire disparaitre une maladie* ». Cela veut aussi dire « *faire face à un problème avec succès* » ou « *empêcher quelqu'un de se comporter d'une manière particulière, en particulier d'une manière mauvaise* ». Dieu est en train de vous rendre à nouveau la santé. Dieu est celui qui a le pouvoir de faire disparaitre une maladie et de faire face à votre problème avec succès.

Chapitre 15

Six dimensions de guérison divine

La source de tous les maux

Dieu a placé l'homme dans le jardin, d'Éden, mais les choses se sont mal passées. Adam a péché, et Dieu a dû appliquer Ses règles divines à Adam. C'est parce qu'Il est un Dieu juste qui applique ses règles impartialement à tous.

Au contraire, la justice des hommes est souvent hypocrite et partiale. Les gouvernements primitifs n'appliquent les règles, les lois et la justice qu'à leurs ennemis.

Partout dans le monde, des prisonniers prient pour un changement de gouvernement. Ils savent qu'un nouveau gouvernement appliquera les lois différemment et les libérera. C'est pourquoi de nombreux pays émergents font peu confiance aux tribunaux.

Mais Dieu est un Dieu juste qui a appliqué les règles impartialement à Sa création. Il a dit : « À présent que vous avez enfreint les règles, vous devez partir. » C'est pourquoi Adam a dû quitter le magnifique jardin que Dieu avait créé pour lui. Une grande partie de la Terre a été détruite et continue d'être détruite suite à ce péché de désobéissance.

La Terre finira par être complètement détruite et sera remplacée par un nouveau paradis et une nouvelle Terre !

Après les péchés d'Adam et Ève, de nombreux changements se sont produits. Adam a dû quitter le jardin est s'est retrouvé à la merci des éléments.

Maintenant qu'ils étaient devenus pécheurs, la mort s'était attaquée à leur corps. Les gens qui n'auraient jamais vieilli ont commencé à vieillir. Les yeux qui seraient toujours restés perçants ont commencé à voir moins bien. Les gens qui ne seraient jamais morts devaient mourir. Nous aurions vécu éternellement ! Adam et Ève ont ensuite décidé de se fabriquer des habits pour se protéger.

Quand le Seigneur est arrivé, Il a vu les « habits de feuilles » qu'Adam avait fabriqués et a su qu'ils ne feraient pas long feu. Il les a aidés à fabriquer des vêtements en peau. C'est ainsi que Dieu a aidé les hommes à se débrouiller. Depuis, Dieu nous aide. La sagesse d'inventer des médicaments est une des façons dont Dieu a aidé les hommes. Chaque découverte médicale fait partie du plan de Dieu pour remédier au mal que nous nous faisons.

Dieu a ensuite préparé un plan pour sauver Sa création. Ce plan de sauvetage devait être exécuté grâce au Christ Rédempteur. L'Ancien Testament contient de nombreuses prédictions concernant le Messie. La venue du Christ sur Terre avait été prévue depuis des années. C'est ce qui différencie Jésus des prophètes de toutes les autres religions. Sa venue, Son but, Sa vie et Sa mort avaient été prédits et décrits avant qu'Il n'arrive sur Terre.

Ésaïe avait prédit que quelqu'un se chargerait de nos douleurs, de nos souffrances, et de nos châtiments. Il avait prédit que quelqu'un se chargerait tout ce qui nous gêne dans cette vie. Cette personne se chargerait de nos maux et nous guérirait.

Cependant, ce sont nos souffrances qu'il a portées, C'est de nos douleurs qu'il s'est chargé ; Et nous

l'avons considéré comme puni, Frappé de Dieu, et humilié.

Ésaïe 53:4

À travers Ses paroles, Dieu a exprimé son désir de guérir Sa création. Il tient vraiment à guérir Sa création des maux du diable.

Six dimensions de guérison divine

La guérison divine est donc une guérison qui vient de Dieu. Elle est différente de la guérison humaine. Notre esprit étant limité, nous ne voyons que certains aspects des problèmes de la race humaine. Nombreux sont ceux qui ne comprennent pas les problèmes complexes de la race humaine. Dans notre vie, nous avons besoin de l'aide de Dieu dans différentes situations. Quel est l'objectif de Dieu à travers le ministère de la guérison ? Que répare-t-Il ? La guérison divine couvre tous les aspects de la guérison. La liste suivante évoque certains des aspects de la guérison divine.

1. **La guérison divine affecte les malformations congénitales et les désordres génétiques.**

   Jésus vit, en passant, un homme AVEUGLE DE NAISSANCE. Ses disciples lui firent cette question : Rabbi, qui a péché, cet homme ou ses parents, pour qu'il soit né aveugle ?

   Jean 9:1-2

Il existe de nombreuses maladies dont nous héritons de nos parents. Par exemple, des maladies comme l'hypertension, le diabète, l'asthme, la drépanocytose, les troubles mentaux, les retards mentaux, etc. sont facilement transmises aux enfants par leurs parents. Sans que ce soit leur faute, des gens sont atteints par ce genre de maladies. Dans le ministère de Jésus, on assiste à des guérisons de maladies génétiques.

Le pouvoir de guérison de Dieu peut mettre fin aux maladies génétiques.

2. La guérison divine affecte les troubles émotionnels.

L'Esprit du Seigneur est sur moi, Parce qu'il m'a oint pour annoncer une bonne nouvelle aux pauvres ; Il m'a envoyé pour GUERIR CEUX QUI ONT LE CŒUR BRISÉ, Pour proclamer aux captifs la délivrance, Et aux aveugles le recouvrement de la vue, Pour renvoyer libres les opprimés.

Luc 4:18

De manière étonnante, la référence à Jésus et à la guérison dans ce passage ne traite pas des crises cardiaques ou des arrêts cardiaques. Le ministère de guérison de Jésus s'adressait spécifiquement aux cœurs brisés. Les cœurs brisés sont les personnes souffrant de troubles émotionnels. Avoir un cœur brisé, c'est avoir connu de grosses déceptions. Avoir un cœur brisé, c'est avoir connu de grandes souffrances qui rendent désespéré. En grec, cœur brisé se dit « *syntribo* », ce qui signifie « être bouleversé ».

Nos vies sont pleines de rêves et d'espoirs brisés. Le Christ est venu sur Terre pour éviter aux hommes les rêves et les espoirs brisés.

Il guérit ceux qui ont le cœur brisé, Et il panse leurs blessures.

Psaumes 147:3

Que signifie avoir un cœur brisé ? Les cœurs brisés sont le résultat de nos déceptions. Parfois, un homme promet d'épouser une femme, mais il la déçoit. Cet homme peut finir par épouser quelqu'un d'autre.

Ce que l'on redoutait s'est produit. Mais Dieu peut effacer toute déception et guérir votre cœur.

Dieu guérit tous nos maux et à présent Il dit qu'Il va guérir votre âme. Il va guérir vos maux les plus profonds. De nombreuses personnes souffrent de troubles émotionnels causés par les déceptions et les désillusions de cette vie. C'est pour cela que nous avons besoin de Jésus le Guérisseur.

Saviez-vous que le psychiatre est le docteur qui fournit le moins de réponses ? On administre des sédatifs à presque tous les patients. Les psychiatres savent très peu de choses concernant le dévelop-pent des maladies mentales. Mais Dieu sait tout. Il nous atteint au plus profond de nous et guérit les cœurs brisés. « Il restaure mon âme... » (Psaumes 23:3).

Un jour, j'ai rencontré un homme qui a déclaré que plus jamais il ne ferait confiance à une femme. Il m'a dit :

« Un jour, je suis parti et je suis rentré chez moi en pleine nuit, à l'improviste. J'ai trouvé ma femme au lit avec un autre homme. Ils étaient tous les deux nus. Je suis resté calme, mais j'aurais pu les tuer tous les deux. Je les ai sortis de la maison, nus et j'ai appelé la police. »

En parlant à cet homme, je me suis rendu compte que son cœur le faisait souffrir. Il m'a expliqué qu'il ne pourrait plus jamais faire confiance à une femme. Il détestait les femmes et avait juré de ne plus se marier. De nombreuses personnes sont comme cet homme. Totalement découragées et déçues par le sort que leur a réservé la vie.

Mais Dieu peut vous guérir et vous changer à l'intérieur. Les médicaments prodigués par les psychiatres ne servent souvent qu'à endormir ou à améliorer l'humeur du patient. Il n'existe pas de vrai remède aux problèmes psychologiques et émotionnels. Dieu peut guérir ce que les hommes sont incapables de guérir !

Il a dit : « Je suis le Seigneur, ton médecin, le Seigneur, ton guérisseur, le Seigneur, ton docteur. » Je suis l'Éternel qui te guérit !

3. La guérison divine affecte notre comportement.

> **Aussitôt que Jésus fut hors de la barque, il vint au-devant de lui un homme, sortant des sépulcres, et possédé d'un esprit impur. Cet homme avait sa demeure dans les sépulcres, et personne ne pouvait plus le lier, même avec une chaîne.**
>
> **Marc 5:2-3**

Un conférencier en psychiatrie a déclaré que la plupart des gens démontrent des comportements anormaux. De nombreuses personnes ont des comportements étranges, même si elles ne sont pas atteintes par des troubles mentaux. De nombreux mots et définitions ont été développés pour décrire les divers niveaux de dysfonctionnement comportemental. Certaines personnes sont qualifiées d'excentriques, un terme poli pour faire référence à une personne bizarre.

L'un des problèmes les plus répandus est la peur ou la paranoïa. Les gens qui vivent dans la peur mènent une vie anormale. D'autres souffrent de divers degrés de dépression. Certaines personnes souffrent d'instabilité émotionnelle, de troubles sexuels, de troubles de la personnalité, d'illusions, d'hallucinations, de manies, et enfin, de schizophrénie, c'est-à-dire de folie. La plupart des gens se situent entre la normalité et la folie.

La guérison divine s'attaque à tous les problèmes dont nous souffrons. La parole de Dieu guérit des maux qui nous mènent à la destruction.

4. La guérison divine nous guérit des effets de la mort.

... tandis que la tristesse du monde produit la mort.

2 Corinthiens 7:10

Quand la tragédie frappe, il existe un certain malaise et une certaine peur dont on ne se défait pas facilement. Il y a un sentiment horrible dont on a du mal à se débarrasser. Le cœur est malade et brisé quand un être aimé est tragiquement emporté. Seul Dieu peut guérir la futilité, la dépression et les peines de cœur associées à la mort. De nombreuses personnes ne se remettent pas de la mort d'un proche. Certaines sont déprimées et aigries jusqu'à leur mort. Seul Dieu peut guérir ces sentiments de désespoir et d'inutilité.

5. La guérison divine nous guérit des effets de la futilité.

Vanité des vanités, dit l'Ecclésiaste, vanité des vanités, tout est vanité.

Ecclésiaste 1:2

L'onction de Dieu guérit du sentiment d'inutilité de la vie. On se demande parfois quel est le sens de la vie. On éprouve des difficultés, on se sent malheureux. On pense souvent qu'avec une voiture et un mariage, tout ira bien. Mais chacun en viendra à la même conclusion que Salomon : vanité des vanités, tout est vanité. En effet, tout est vanité. La vie sur Terre peut être comparée à une suite de châteaux de sables qu'on construit avant que la mer ne les emporte. Vous êtes-vous déjà demandé pourquoi les pays les plus riches possèdent les taux de suicide les plus élevés ? Ils comprennent l'inutilité des richesses, ils savent que Salomon avait raison. Tout est vanité. De nombreuses personnes se suicident car leur vie n'a aucun sens.

Le pouvoir de Dieu nous guérit des futilités de la vie. Le pouvoir de Dieu nous guérit de ce sentiment d'inutilité qui nous habite.

6. Il guérira les nations du monde à jamais.

Et il me montra un fleuve d'eau de la vie, limpide comme du cristal, qui sortait du trône de Dieu et de l'agneau. Au milieu de la place de la ville et sur les deux bords du fleuve, il y avait un arbre de vie, produisant douze fois des fruits, rendant son fruit chaque mois, et dont les feuilles servaient À LA GUÉRISON DES NATIONS.

Apocalypse 22:1-2

De nombreuses nations ont besoin de guérison. Le Rwanda et le Burundi ont besoin de guérison. La Sierra Leone a besoin de guérison. Lors de la guerre civile en Sierra Leone, les rebelles ont coupé les mains de nombreux civils. Dans bien des pays, il n'y a ni électricité ni eau courante. Il n'y a pas que les pays d'Afrique pauvres qui ont besoin de guérison. Les nations d'Israël et de

Palestine ont aussi besoin de guérison. Des tensions raciales divisent l'Amérique. L'Europe regorge de citoyens désespérés qui ne croient plus en Dieu. L'Inde et le Pakistan sont constamment en guerre, de nombreuses nations vivent dans la pauvreté, la guerre et la famine. La tension est constante entre la Corée du Nord et la Corée du Sud. L'Égypte, la Syrie, l'Afghanistan et l'Irak sont le théâtre quotidien d'attentats-suicides, ce sont des pays instables. Heureusement que Dieu guérira ces nations dévastées. Il est clair qu'aucun recours politique, économique ou militaire ne peut guérir les nations du monde.

Les feuilles de l'arbre serviront à guérir les nations à jamais.

Chapitre 16

Pourquoi Dieu guérit des gens aujourd'hui

1. **Dieu guérit pour que Sa gloire soit révélée.**

   Après avoir entendu cela, Jésus dit : CETTE MALADIE N'EST POINT À LA MORT ; MAIS ELLE EST POUR LA GLOIRE DE DIEU, afin que le Fils de Dieu soit glorifié par elle.
   Jean 11:4

   Ce verset montre que Dieu guérit pour que Sa gloire soit révélée. Quand nous avons des miracles dans l'église, c'est parce que Dieu veut que nous ayons des aperçus de sa gloire. Il veut que nous voyions sa puissance. Il veut nous montrer qu'Il est le Dieu Tout-Puissant et qu'il n'y a pas de problème qu'Il ne puisse résoudre.

   Je me souviens d'un homme qui avait eu un accident vasculaire cérébral et était paralysé d'un côté. Je ne savais même pas qu'il était présent au service. Cet homme avait en fait perdu son emploi à cause de sa paralysie. Il n'avait même pas conscience que la puissance de guérison de Dieu était à l'œuvre en lui. Il se rendit seulement compte qu'il pouvait bouger la jambe et le bras quand il fit bonjour de la main à quelqu'un en rentrant chez lui. La puissance de Dieu avait touché son corps.

2. Dieu guérit pour que ses œuvres soient manifestées.

Jésus répondit : Ce n'est pas que lui ou ses parents aient péché ; MAIS C'EST AFIN QUE LES ŒUVRES DE DIEU SOIENT MANIFESTÉES EN LUI.

Jean 9:3

Les problèmes que nous avons vont parfois amener les plus grandes bénédictions de nos vies. Dieu va utiliser cette chose pour faire un grand miracle dans votre vie.

J'aime raconter l'histoire d'une femme de 31 ans qui reçut un puissant miracle de guérison.

Elle se maria en 1991 et eut sa première grossesse en 1993, qui s'avéra être une grossesse extra-utérine. On l'opéra et on lui coupa la trompe de Fallope droite le 1er août 1993. Elle eut une deuxième grossesse en 1994, aussi une grossesse extra-utérine, mais cette fois sur le côté gauche. On l'opéra et on lui coupa une partie de la trompe de gauche (les médecins ont essayé de sauver une partie de la trompe). En 1995, elle fit une troisième grossesse extra-utérine ! On l'opéra et les médecins essayèrent à nouveau de sauver la trompe. La première semaine d'août 1996, elle fit une quatrième grossesse extra-utérine et cette fois on lui enleva le reste de la trompe gauche. Son médecin lui dit alors que la seule façon dont elle pourrait avoir un enfant serait par bébé-éprouvette ou par adoption.

Un an plus tard, lors d'un service de miracle que je donnais à l'église Grace Bible de Soweto, en Afrique du Sud, Dieu fit un miracle merveilleux pour Patricia. Au cours du service, je demandai à tous les malades de placer leurs mains là où étaient leurs maladies. Patricia plaça sa main sur son ventre. Son mari n'était pas assis avec elle à ce moment-là, donc il courut vers elle pour s'assurer qu'elle priait. Il pensait qu'elle ne prierait pas pour leur situation, car elle semblait vraiment trop désespérée.

Patricia dit qu'elle avait l'impression qu'on ne parlait qu'à elle. Elle témoigna que quand elle posa sa main sur son ventre, elle sentit la puissance de Dieu venir complètement sur elle. Elle dit que la sensation qu'elle éprouva était difficile à décrire, mais elle sut en elle-même à ce moment-là que Dieu l'avait touchée ! La meilleure description qu'elle pouvait donner de la puissance de guérison était une sensation de « douce douleur ».

Après cette expérience de guérison, elle alla voir son gynécologue affirmant qu'elle était enceinte. Le médecin la chassa et lui dit qu'elle avait besoin de voir un psychiatre ! Ce médecin lui dit qu'elle avait un problème mental, parce qu'il savait qu'il était impossible qu'elle tombe enceinte. Mais Patricia était vraiment sûre qu'elle était enceinte, et elle alla voir d'autres médecins. Il fut finalement prouvé que l'impossible s'était produit : elle était réellement enceinte !

Il n'y a pas d'explication médicale pour ce miracle, parce qu'une femme ne peut pas concevoir normalement si elle n'a pas de trompes de Fallope.

Quand je retournai en Afrique du Sud le 26 septembre 1998 pour un autre service de miracle dans la même église, une Patricia excitée et ravie vint sur scène avec son bébé miraculeux, pour témoigner de ce que Dieu avait fait pour elle. Elle nomma son enfant « Odirile », ce qui veut dire : « Il (Dieu) l'a fait » !

Vous voyez, tout comme la femme avec la perte de sang, Patricia sentit quelque chose. Il est possible de sentir la puissance de Dieu et l'onction de Dieu. Quelqu'un pourrait demander : « À quoi ressemble cette sensation ? » Elle ressemble beaucoup à une sensation normale, parce que c'est une sensation.

Le surnaturel et le naturel sont presque identiques. Je prêchais sur la puissance surnaturelle quand Patricia sentit l'onction. Quand certaines personnes sentent l'onction, ils la rejettent comme quelque chose de naturel. Ouvrez-vous au surnaturel et vous ferez l'expérience de la puissance de Dieu.

3. Dieu guérit pour confirmer la prédication de sa Parole.

Voici les miracles qui accompagneront ceux qui auront cru : en mon nom, ils chasseront les démons ; ils parleront de nouvelles langues ; ils saisiront des serpents ; s'ils boivent quelque breuvage mortel, il ne leur feront point de mal ; ils imposeront les mains aux malades, et les malades, seront guéris. Le Seigneur, après leur avoir parlé, fut enlevé au ciel, et il s'assit à la droite de Dieu. Et ils s'en allèrent prêcher partout. LE SEIGNEUR TRAVAILLAIT AVEC EUX, ET CONFIRMAIT LA PAROLE PAR LES MIRACLES QUI L'ACCOMPAGNAIENT. AMEN.

Marc 16:17-20

Dieu guérit pour confirmer la Parole de Dieu qui a été prêchée. Les miracles ont une fonction primaire de confirmer la prédication de la Parole de Dieu. Ce n'est pas la même que d'éradiquer toutes les maladies dans une communauté. Confirmer et affirmer un sermon prêché par un pasteur est tout à fait différent de l'éradication de la polio, de la rougeole ou de la variole d'une communauté. Dieu ne cherche pas à éradiquer les maladies de la communauté. L'intention de Dieu est de confirmer les messages qui ont été prêchés par Ses serviteurs !

4. Dieu guérit pour aider les gens à croire en lui.

Croyez-moi, je suis dans le Père, et le Père est en moi ; croyez du moins à cause de ces œuvres.

Jean 14:11

Si je ne fais pas les œuvres de mon Père, ne me croyez pas. Mais si je les fais, quand même vous ne me croyez point, croyez à ces œuvres, afin que vous sachiez et reconnaissiez que le Père est en moi et que je suis dans le Père.

Jean 10:37-38

Certains veulent juste voir un miracle pour pouvoir croire. Ces gens ont juste besoin d'un miracle pour les aider à croire. Quand ils voient l'œuvre de Dieu, ils sont complètement et totalement convaincus de la vérité de la Parole.

5. Dieu fait des miracles de guérison pour aider les gens à se repentir et à changer d'habitude.

Les miracles sont également donnés pour aider les gens à se repentir et à venir au Seigneur. C'est pourquoi Jésus a réprimandé les villes où Il a fait Ses œuvres prodigieuses. Ses œuvres prodigieuses étaient destinées à les aider à se repentir de leurs mauvaises habitudes.

> **Alors il se mit à faire des reproches aux villes dans lesquelles avaient eu lieu la plupart de ses miracles, parce qu'elles ne s'étaient pas repenties.**
> **Matthieu 11:20**

6. Dieu fait des miracles pour montrer l'approbation de Ses serviteurs.

> **Hommes Israélites, écoutez ces paroles ! Jésus de Nazareth, CET HOMME À QUI DIEU A RENDU TÉMOIGNAGE DEVANT VOUS PAR LES MIRACLES, LES PRODIGES ET LES SIGNES qu'il a opérés par lui au milieu de vous, comme vous le savez vous-mêmes.**
> **Actes 2:22**

> **Jésus leur répondit : Je vous l'ai dit, et vous ne croyez pas. Les œuvres que je fais au nom de mon Père rendent témoignage de moi.**
> **Jean 10:25**

Dieu a fait des miracles, des signes et des prodiges pour montrer son approbation de la personne qui prêche. Dieu n'essaie pas de transformer des pasteurs en médecins. Il n'essaie pas de se servir de l'évangéliste pour éradiquer le paludisme, la drépanocytose, l'hypertension et le diabète de la communauté. Il fait des miracles pour montrer son approbation de ses serviteurs. Ces miracles ont des buts spécifiques. Dieu montre son approbation de ses serviteurs à travers les miracles.

Comment Dieu approuva-t-Il Jésus Christ de Nazareth ? Il l'approuva par les miracles, les prodiges et les signes. C'est ainsi que Dieu approuve son serviteur. C'est ce que dit la Bible.

Je suis allé dans des endroits où Dieu m'a approuvé par des signes et des prodiges. Je me souviens avoir entendu la voix du Saint Esprit parler à mon cœur. Il me dit : « Aujourd'hui, je vais te mettre à l'honneur ». Le Seigneur fit des miracles vraiment merveilleux à cet endroit. Il les fit parce que j'étais entouré de gens qui ne croyaient pas vraiment en moi.

Jésus a prêché la Parole. Il dit qu'il était le Pain de Vie, le Chemin, la Vérité et la Vie. Dieu L'a approuvé et a montré qu'Il disait la vérité, en effectuant des signes et des prodiges.

Cela explique aussi pourquoi les gens tombent sous la puissance. Tomber sous la puissance est un signe. Les gens aiment les miracles. Les gens aiment une démonstration de puissance. L'affichage de la puissance montre que Dieu approuve l'homme de Dieu. Ils savent que n'importe qui peut crier un sermon, mais il n'est pas si facile de faire apparaître un miracle.

7. Dieu fait des miracles pour détruire les œuvres du diable.

Celui qui pèche est du diable, car le diable pèche dès le commencement. Le Fils de Dieu a paru afin de détruire les œuvres du diable.

1 Jean 3:8

Vous devez comprendre qu'il y a un diable qui gouverne ce monde. Cela est évident quand vous regardez le chaos dans le monde. Les dictateurs qui sont imposés aux différents pays, la méchanceté dans le monde, les inégalités de notre société, la famine, la faim, les maladies et les souffrances de beaucoup de gens prouvent que celui qui gouverne est une personne très méchante. La Bible l'appelle le « dieu de ce monde ».

> **Pour les incrédules dont le dieu de ce siècle a aveuglé l'intelligence, afin qu'ils ne vissent pas briller la splendeur de l'Évangile de la gloire de Christ, qui est l'image de Dieu.**
>
> **2 Corinthiens 4:4**

Il y a une chanson que nous chantions dans le temps : *Il a le monde entier entre les mains, il a le monde entier entre les mains, il a le monde entier entre les mains, il a le monde entier entre les mains.*

Les paroles de cette chanson ne peuvent pas être vraies, parce que la Bible dit clairement que Satan est le dieu de ce monde. Le diable affirme aussi que les royaumes de ce monde lui ont été donnés :

> **Le diable, l'ayant élevé, lui montra en un instant tous les royaumes de la terre, et lui dit : Je te donnerai toute cette puissance, et la gloire de ces royaumes ; car elle m'a été donnée, et je la donne à qui je veux. Si donc tu te prosternes devant moi, elle sera toute à toi.**
>
> **Luc 4:5-7**

Certains royaumes de ce monde sont le Ghana, l'Angleterre, l'Amérique, l'Iran, le Kosovo, l'Irak, la Sierra Leone, Israël, le Nigeria, le Libéria, le Cameroun, l'Angola et l'Inde. Le diable a montré à Jésus certains de ces royaumes. Jésus a refusé de se plier au diable et Il ne reçut donc pas le contrôle de toutes les nations du monde. Elles restèrent fermement entre les griffes du diable. Dieu est tout-puissant et règne sur toutes choses. Cependant, le diable est celui qui contrôle spécifiquement ce monde terrestre maintenant. Il a dit qu'il pouvait le donner à qui il voulait. C'est pourquoi l'Allemagne par exemple peut être un pays développé, mais il y a aussi beaucoup de mécontentement parmi le peuple. C'est pourquoi la Suisse peut avoir beaucoup d'argent, mais avec beaucoup de douleur, de tristesse et de dépression.

Nous savons bien sûr qu'un jour « Le royaume du monde sera remis à notre Seigneur et à son Christ ; et Il régnera aux siècles des siècles » (Apocalypse 11:15).

Le diable est celui qui gouverne le monde d'aujourd'hui. Il provoque les maladies de ce monde. Jésus chassa les démons de la plupart des gens qu'Il guérit. Donc beaucoup de problèmes sont causés par le diable. Jusqu'à ce que vous arriviez à la racine des problèmes, souvent vous ne les résoudrez pas.

C'est pourquoi Jésus est dans le domaine de la guérison. C'est pourquoi nous croyons dans la guérison. Nous ne pourrons jamais cesser de croire dans la guérison.

Je veux vous encourager à croire aux miracles, parce que les miracles sont réels. Jésus est le Soleil de la justice avec la guérison dans Ses rayons.

8. Dieu fait des miracles pour annoncer l'arrivée du Royaume de Dieu.

Allez, prêchez, et dites : Le royaume des cieux est proche. Guérissez les malades, ressuscitez les morts, purifiez les lépreux, chassez les démons. Vous avez reçu gratuitement, donnez gratuitement.

Matthieu 10:7-8

9. Dieu fait des miracles pour que plus de gens aillent à l'église et suivent la parole de Dieu.

Une grande foule le suivait, parce qu'elle voyait les miracles qu'il opérait sur les malades.

Jean 6:2

Chapitre 17

Pourquoi Dieu ne guérit pas tout le monde

1. Dieu ne guérit pas tout le monde, parce que certains croient quand ils voient des miracles.

   Plusieurs (pas tous) des Juifs qui étaient venus vers Marie, et qui virent ce que fit Jésus, crurent en lui.
   Jean 11:45

2. Dieu ne guérit pas tout le monde, parce que seules quelques personnes croient en Dieu quand elles voient des miracles.

   Malgré tant de miracles qu'il avait faits en leur présence, ils ne croyaient pas en lui.
   Jean 12:37

Ce serait bien s'il y avait beaucoup plus de miracles, mais le fait est que les miracles ne vont qu'ajouter quelques personnes à la foi. Certains ne croient pas, peu importe ce qu'ils voient. Vous pouvez ressusciter les morts devant eux et ils ne vont toujours pas croire.

Abraham dit au riche : « S'ils n'écoutent pas Moïse et les prophètes, ils ne se laisseront pas persuader quand même quelqu'un ressuscitait d'entre les morts » (Luc 16:31). En fait, certaines personnes vont vous haïr à cause des miracles qu'ils voient.

De nouveau, les pharisiens aussi lui demandèrent comment il avait recouvré la vue. Et il leur dit : Il a appliqué de la boue sur mes yeux, je me suis lavé, et je vois. Sur quoi quelques-uns des pharisiens dirent : Cet homme ne vient pas de Dieu, car il n'observe pas le sabbat. D'autres dirent : Comment un homme pécheur peut-il faire de tels miracles ? Et il y eut division parmi eux.

Ils dirent encore à l'aveugle : Toi, que dis-tu de lui, sur ce qu'il t'a ouvert les yeux ? Il répondit : C'est un prophète. Les Juifs ne crurent point qu'il eût été aveugle et qu'il eût recouvré la vue jusqu'à ce qu'ils eussent fait venir ses parents. Et ils les interrogèrent, disant : Est-ce là votre fils, que vous dites être né aveugle ? Comment donc voit-il maintenant ? Ses parents répondirent : Nous savons que c'est notre fils, et qu'il est né aveugle ; mais comment il voit maintenant, ou qui lui a ouvert les yeux, c'est ce que nous ne savons. Interrogez-le lui-même, il a de l'âge, il parlera de ce qui le concerne.

> **Ses parents dirent cela parce qu'ils craignaient les Juifs ; car les Juifs étaient déjà convenus que, si quelqu'un reconnaissait Jésus pour le Christ, il serait exclu de la synagogue.**
>
> **C'est pourquoi ses parents dirent : Il a de l'âge, interrogez-le lui-même. Les pharisiens appelèrent une seconde fois l'homme qui avait été aveugle, et ils lui dirent :**
>
> **Donne gloire à Dieu ; nous savons que cet homme est un pécheur. Il répondit : S'il est un pécheur, je ne sais ; je sais une chose, c'est que j'étais aveugle et que maintenant je vois.**
>
> **Jean 9:15-25**

Le miracle que Jésus a fait causa une division surprenante. Vous auriez pensé que la guérison d'un aveugle-né aurait fait croire tout le monde.

Si Dieu essayait de faire croire tout le monde par des miracles, alors Il a échoué. Quoi que Dieu fasse, certains ne croiront jamais. Dieu n'est donc pas pressé de guérir tout le monde.

Je connais un homme de Dieu qui avait un halo qui lui apparaissait sur la tête quand il prêchait. Pensez-vous que tout le monde croyait dans son ministère ? Certainement pas ! Nous devons donc comprendre que miracles ou pas, l'œuvre de Dieu se poursuit. Seuls certains croiront grâce aux miracles.

Ceci explique pourquoi l'un des plus grands évangélistes de notre époque, Billy Graham, pouvait prêcher l'Évangile sans prier pour des miracles. Les gens sont sauvés par la folie de la prédication et non par la puissance des miracles.

Car puisque le monde, avec sa sagesse, n'a point connu Dieu dans la sagesse de Dieu, il a plu à Dieu de sauver les croyants par la folie de la prédication.

1 Corinthiens 1:21

3. Dieu ne guérit pas tout le monde, parce que certains vont jusqu'à vous haïr même quand ils voient des miracles.

    Si je n'avais pas fait parmi eux des œuvres que nul autre n'a faites, ils n'auraient pas de péché ; mais maintenant ils les ont vues, et ils ont haï et moi et mon Père.

    Jean 15:24

4. Dieu ne guérit pas tout le monde, parce que certains ont besoin de différents catalyseurs pour les aider à croire.

    Les Juifs demandent des miracles et les Grecs cherchent la sagesse.

    1 Corinthiens 1:22

5. Dieu ne guérit pas tout le monde, parce que Dieu a déterminé que certains devraient être sauvés par la prédication et non par les miracles.

> **Car puisque le monde, avec sa sagesse, n'a point connu Dieu dans la sagesse de Dieu, il a plu à Dieu de sauver les croyants par la folie de la prédication.**
>
> **1 Corinthiens 1:21**

Il y a des idées fausses qui existent sur le ministère de guérison. Sans cette compréhension, elles vont persister dans nos esprits et influencer notre pensée.

Cher ministre de Dieu, continuez de prêcher ; continuez de prêcher, c'est tout ! Évangélisez et dites la vérité, parce que c'est la méthode par laquelle Dieu a déterminé que les gens devraient être sauvés.

Nous pouvons peut-être voir la puissance de Dieu, mais nous devons comprendre que Dieu n'essaie pas d'ôter notre bon sens. Nous savons qu'Il n'essaie pas d'éradiquer la médecine. Nous savons qu'Il n'essaie pas de surpasser les médecins. Avant tout, nous savons qu'Il ne remplace pas le besoin d'une puissante prédication de l'Évangile.

Dieu a Ses raisons pour la guérison. Décidez aujourd'hui de laisser la prédication vous toucher. Décidez de croire à la simplicité de la prédication de la Parole.

> **...Les autres hommes qui ne furent pas tués par ces fléaux ne se repentirent pas des œuvres de leurs mains, de manière à ne point adorer les démons, et les idoles d'or, d'argent, d'airain, de pierre et de bois, qui ne peuvent ni voir, ni entendre, ni marcher ; et ils ne se repentirent pas de leurs meurtres, ni de leurs enchantements, ni de leur impudicité ni de leurs vols.**
>
> **Apocalypse 9:20-21**

Comme vous voyez, les gens dans ce passage de l'Écriture ont refusé de se repentir malgré tout ce qui leur est arrivé. Dieu sait que les gens ne se repentent pas, même quand ils voient certaines choses. Nous devons croire dans la prédication de la Parole quand nous l'entendons. Nous n'avons pas à chercher de signes avant de croire.

6. Dieu ne guérit pas tout le monde, parce que beaucoup croient à la Parole de Dieu même sans voir de miracles.

> **Jésus dit à Thomas : Parce que tu m'as vu, tu as cru. Heureux ceux qui n'ont pas vu, et qui ont cru !**
>
> **Jean 20:29**

> **Plusieurs des Juifs qui étaient venus vers Marie, et qui virent ce que fit Jésus, crurent en lui. Mais quelques-uns d'entre eux allèrent trouver les pharisiens, et leur dirent ce que Jésus avait fait.**
>
> **Jean 11:45-46**

Il est vrai que Dieu guérit pour que les gens croient. Mais d'un autre côté, il y a des gens qui croient à la Parole de Dieu sans rien voir.

> **Jésus dit à Thomas : Parce que tu m'as vu, tu as cru. Heureux ceux qui n'ont pas vu, et qui ont cru !**
>
> **Jean 20:29**

Il y a beaucoup de gens qui ne voient pas de miracles, mais qui croient en Dieu. Mais il y a des gens qui doivent voir un signe avant de croire. Il y a peut-être des gens qui doivent être sur leur lit de mort avant de croire en Dieu. Certains doivent tout perdre avant de succomber à l'amour de Dieu.

Il y a des gens qui ne sont sauvés qu'en prison. Mais vous n'avez pas à attendre cela. Heureux ceux qui n'ont pas vu l'une de ces choses, mais qui croient quand même.

La réalité est que tous ceux qui voient des miracles ne croient pas en Dieu.

7. Dieu ne guérit pas tout le monde, parce qu'Il n'essaie pas d'éradiquer les maladies du monde.

Certains pensent que Dieu essaie d'éradiquer la maladie du monde à travers les prédicateurs. Dieu n'essaie pas d'éliminer les maladies de ce monde à travers les ministres oints. Ses apôtres et prophètes oints ne sont pas des agents de l'éradication de toutes les maladies connues. Si tel était le cas, alors Dieu aurait échoué dans sa quête. Je veux que vous lisiez ce passage :

> **Tout le monde le vit marchant et louant Dieu. Ils reconnaissaient que c'était celui qui était assis à la Belle porte du temple pour demander l'aumône, et ils furent remplis d'étonnement et de surprise au sujet de ce qui lui était arrivé.**
>
> **Actes 3:9-10**

Vous remarquerez qu'on avait assis cet homme à cette Belle porte du temple de nombreuses années. La Bible dit qu'il avait été boiteux de naissance. Sa famille et ses parents l'avaient porté de nombreuses fois pour qu'il demande l'aumône à ceux qui entraient dans le temple.

Quelques semaines plus tôt, Jésus Lui-même était passé par cette Belle porte du temple. Il avait prêché dans ce temple de nombreuses fois. Pourquoi Jésus ne guérit-Il pas cet homme Lui-même ? Pourquoi Jésus n'éradiqua-t-Il pas toutes les maladies de Jérusalem ? Si Dieu essaie d'éradiquer les maladies du monde, pourquoi Jésus ne guérit-Il pas ce paralytique quand Il était ici ? Il est évident que Dieu ne semble pas avoir cet objectif.

J'ai vu beaucoup de gens revenir de services de miracle encore malades. Il y a eu des documentaires très critiques contre les évangélistes. L'une des principales critiques porte sur les nombreuses personnes qui ne sont pas guéries pendant leurs services.

À Londres, il y eut même une manifestation d'estropiés contre un célèbre évangéliste de guérison. Comment se fait-il que des estropiés manifestent contre un homme de Dieu ?

Cette confusion vient du fait que nous ne comprenons pas ce que Dieu fait et ce qu'Il n'essaie pas de faire. Jésus Christ Lui-même a expliqué pourquoi Il guérit un seul homme à la piscine de Béthesda.

> **Jésus reprit donc la parole, et leur dit : En vérité, en vérité, je vous le dis, le Fils ne peut rien faire de lui-même, il ne fait que ce qu'il voit faire au Père ; et tout ce que le Père fait, le Fils aussi le fait pareillement.**
>
> **Jean 5:19**

Ne soyez pas déçu si Dieu ne guérit pas tout le monde. Ne soyez pas en colère contre Dieu si seulement une personne sur plusieurs malades est guérie. Jésus dit : « Moi et le Père nous sommes un, et celui qui m'a vu a vu le Père ».

> **…celui qui m'a vu a vu le Père…**
>
> **Jean 14:9**

Jésus n'essaie pas de guérir tout le monde. Mais Il essaie de sauver chaque âme. Jésus a donné sa vie pour le monde entier. Il a invité tout le monde au Ciel.

« Car Dieu a tant aimé le monde qu'il a donné son Fils unique, afin que quiconque croit en Lui ne périsse point, mais qu'il ait la vie éternelle » (Jean 3,16). La vie éternelle ne dépend pas de la guérison de vos reins, de votre foie, de votre sang, de votre peau ou de vos yeux.

Quand Jésus marchait sur cette terre, Il savait qu'il y avait de nombreuses raisons pour lesquelles les gens étaient malades. Il savait qu'il y avait beaucoup de raisons pour lesquelles Dieu guérissait et aussi de nombreuses raisons pour lesquelles Dieu ne guérissait pas.

Comprenez le plan de Dieu. Dieu essaie de vous donner la vie éternelle. Jésus est venu vous donner la vie éternelle. Il nous aime beaucoup et Il ne veut pas qu'aucun de nous périsse.

Dieu n'est pas contre la médecine

Malheureusement, les enseignements extrêmes de la foi ont donné l'impression que Dieu est contre la médecine. Ils nous ont laissé l'impression que Dieu voudrait remplacer tout le personnel médical par des pasteurs. Ils nous ont laissé avec le sentiment que prendre des médicaments était un péché ou pas spirituel.

Il fut un temps où beaucoup de gens étaient guéris grâce au renouveau de la foi. En ce temps-là, de nombreux ministres ne voulaient pas toucher à la médecine. Il était impensable qu'une personne véritablement spirituelle utilise la médecine.

J'ai entendu parler d'une église dans laquelle plus de quarante-cinq personnes sont mortes parce qu'elles ont refusé de prendre des médicaments. Il y avait des petits enfants qui avaient besoin de médicaments, mais à cause de la croyance de leurs parents dans la guérison par la foi, ils ont rejeté tous les médicaments pour leurs enfants. Finalement, le pasteur lui-même est tombé malade, mais il a refusé les médicaments. Avec le temps, on l'amenait à l'église en fauteuil roulant, mais il refusa toujours l'aide médicale et mourut.

Ce genre de chose jette la confusion sur le ministère de guérison. C'est pourquoi beaucoup se sont détournés du ministère de guérison. Malgré la confusion, vous ne pouvez pas négliger la réalité de la puissance de guérison de Dieu.

Nous ne comprenons pas tout !

Dieu n'essaie pas de remplacer les hôpitaux et les médecins par des pasteurs et des évangélistes. Dieu a donné la sagesse pour la science médicale. Les deux niveaux de guérison sont ordonnés par Dieu et ne sont pas en contradiction. La Bible dit que Jésus Christ est la puissance et la sagesse de Dieu.

Mais puissance de Dieu et sagesse de Dieu pour ceux qui sont appelés, tant Juifs que Grecs.

1 Corinthiens 1:24

Jésus vient vous aider en étant la puissance et la sagesse de Dieu dans votre vie. Les chrétiens deviennent déséquilibrés quand ils prennent juste la puissance de Dieu et laissent de côté la sagesse. Vous avez besoin à la fois de la puissance et de la sagesse. La science médicale peut aujourd'hui transplanter des cœurs et résoudre de nombreux problèmes. Beaucoup d'enfants seraient morts de diverses maladies comme le paludisme, les convulsions et la rougeole s'il n'y avait pas de médicaments.

Dieu nous a donné la sagesse de penser et d'avoir du bon sens. Un jour, Jésus dit à ses disciples d'aller à l'écart et de se reposer un peu.

Jésus leur dit : Venez à l'écart dans un lieu désert, et reposez-vous un peu. Car il y avait beaucoup d'allants et de venants, et ils n'avaient même pas le temps de manger.

Marc 6:31

Pourquoi Jésus dit-Il à ses disciples de se reposer ? Parce que beaucoup de maladies viennent du manque de repos. C'est suivre le bon sens que de vous reposer quand vous en avez besoin. Jésus a exercé Son ministère auprès des malades, mais Il a fait aussi des choses raisonnables et pratiques.

Acceptez que Dieu est mystérieux

Les choses cachées sont à l'Éternel, notre Dieu ; les choses révélées sont à nous et à nos enfants, à perpétuité, afin que nous mettions en pratique toutes les paroles de cette loi.

Deutéronome 29:29

Je ne peux pas expliquer pourquoi la guérison divine se déroule comme elle le fait. La Bible dit que les choses cachées appartiennent à l'Éternel, mais celles qui sont révélées nous appartiennent.

Les Écritures nous disent aussi que nous voyons au moyen d'un miroir, d'une manière obscure. Cela veut dire que quand vous regardez dans un miroir, vous ne voyez pas les choses clairement. Ce n'est pas tout ce que nous savons, et nous ne devrions pas prétendre tout connaître, parce que nous ne connaissons pas tout. Nous ne comprenons certainement pas tout, parce que nous regardons au moyen d'un miroir.

> **Aujourd'hui nous voyons au moyen d'un miroir, d'une manière obscure, mais alors nous verrons face à face ; aujourd'hui je connais en partie, mais alors je connaîtrai comme j'ai été connu.**
> **1 Corinthiens 13:12**

Chapitre 18

Six aspects de l'onction de guérison

1. **L'onction de guérison prolonge la vie.**

   Jésus se rendit ensuite à la maison de Pierre, dont il vit la belle-mère couchée et ayant la fièvre. Il toucha sa main, et la fièvre la quitta; puis elle se leva, et le servit.

   Matthieu 8:14–15

L'onction de guérison guérit les fièvres, les maladies, les maux de tête et les douleurs. Elle guérit aussi les maladies cardiaques et les cancers. Dieu est guérisseur et Jésus est un Jésus qui guérit. Je me souviens une fois que je me trouvais dans une certaine ville, exerçant mon ministère à un service de miracle. Une femme s'avança avec un cancer du sein. En tant que médecin, je sais ce qu'est le cancer du sein. Je priai pour elle. Pendant que je priais pour elle, je dis : « Guéris-moi, Seigneur, et je serai guéri, sauve-moi et je serai sauvé ».

Les médecins peuvent faire très peu de choses contre le cancer du sein. Le cancer est souvent une condamnation à mort. Cette femme retourna à l'hôpital pour avoir une opération. Elle dit aux médecins qu'elle croyait que le cancer avait disparu. Elle rapporta que les médecins l'avaient examinée et furent surpris de voir que le cancer avait disparu.

L'onction de guérison prolonge votre vie. Le diable veut raccourcir votre vie. Mais Dieu vous donnera une longue vie et prolongera vos jours. L'onction de guérison la prolongera ! Vous vivrez et ne mourrez pas, parce qu'une onction de guérison est en route vers vous en ce moment même.

2. L'onction de guérison guérit les cœurs brisés.

Le cœur d'une personne parle du centre le plus profond de l'être humain. Un cœur brisé est un cœur déçu. C'est un cœur choqué et endeuillé. Beaucoup de personnes au cœur brisé deviennent déprimées. Dans mes services de miracles, beaucoup de personnes déprimées ont témoigné comment elles ont senti l'esprit de la dépression les quitter. Remerciez Dieu pour l'onction de guérison qui peut guérir le cœur. L'église est un lieu où l'onction de guérison guérira les cœurs déçus. Jésus veut guérir les cœurs déçus. La dépression est une maladie fréquente et grave.

Le suicide est une chose courante chez les personnes déprimées. J'ai vu différentes personnes se suicider. Des étudiants en médecine se sont suicidés. J'ai vu des médecins se suicider. J'ai vu des hommes avec de bons emplois aux Nations Unies se suicider. J'ai vu des membres de l'église avec des vies apparemment normales et bénies se suicider. Ces personnes étaient probablement déprimées et avaient le sentiment que leur vie était désespérée.

Dieu peut guérir la dépression grâce à Sa puissance. Dans le monde médical, on utilise les médicaments et les chocs électriques pour traiter la dépression. Remerciez Dieu pour l'onction de guérison qui guérit les personnes au cœur brisé et les déprimés de ce monde.

3. L'onction de guérison guérit la « volonté » des hommes.

L'onction de guérison guérit l'âme, qui se compose de l'intellect, de la volonté et des émotions de l'homme. L'incapacité de certaines personnes à dire « non » à des choses qui les détruisent est le signe d'une maladie de la volonté. Certaines personnes ne peuvent pas dire « non » à la boisson, aux cigarettes et au sexe. L'onction de guérison vous guérit de l'incapacité à prendre des décisions.

4. L'onction de guérison guérit les âmes des hommes.

> Il restaure mon âme
>
> **Psaume 23:3**

L'âme est dévastée par le péché. Nos émotions et nos esprits sont souvent brisés par les expériences que nous avons eues. Par l'onction de guérison, nous recevons la restauration de notre esprit, de notre volonté et de nos émotions. Certains ne peuvent pas aimer tout le monde ! D'autres ne peuvent pas recevoir l'amour ! Ce sont tous des symptômes de personnes brisées et blessées qui ont besoin de guérison.

J'ai regardé un jour un documentaire sur un noir américain de dix-neuf ans, qui était voleur de banque en série. Il s'était évadé de prison plusieurs fois jusqu'à ce qu'il soit placé dans une prison à sécurité maximale à perpétuité. Je regardais avec compassion, alors que cet adolescent à l'esprit malade était mis en cage comme un animal pour la vie. Pourquoi pensez-vous que tant d'Américains sont en prison ? Ils sont blessés et malades dans leur âme. Ce sont des gens brisés par des années de discrimination, de pauvreté, de racisme et de vie sans père.

5. L'onction de guérison guérit ceux qui sont possédés du démon.

> **Il descendit avec eux, et s'arrêta sur un plateau, où se trouvaient une foule de ses disciples et une multitude de peuple de toute la Judée, de Jérusalem, et de la contrée maritime de Tyr et de Sidon. Ils étaient venus pour l'entendre, et pour être guéris de leurs maladies. CEUX QUI ÉTAIENT TOURMENTÉS PAR DES ESPRITS IMPURS ÉTAIENT GUÉRIS.**
>
> **Luc 6:17-18**

On dit que des gens libérés de mauvais esprits étaient guéris. L'onction de guérison touche des vies affligées par les démons. L'onction de guérison n'est pas seulement pour la guérison des maladies, mais pour la guérison des effets de l'oppression démoniaque. Quand l'onction de guérison est présente, elle éloigne les mauvais esprits.

Vous savez comment Dieu a oint du Saint Esprit et de force Jésus de Nazareth, qui allait de lieu en lieu faisant du bien et GUÉRISSANT TOUS CEUX QUI ÉTAIENT SOUS L'EMPIRE DU DIABLE, car Dieu était avec lui.

Actes 10:38

Beaucoup de gens ont des mauvais esprits. Toute personne opprimée par le diable ou qui a une activité démoniaque dans sa vie a besoin de l'onction de guérison. Jésus guérissait ceux qui étaient tourmentés par des esprits impurs.

Les démons considèrent les gens comme des maisons où ils peuvent vivre. Beaucoup de gens délivrés de mauvais esprits témoignent qu'ils sentent quelque chose sortir d'eux. L'être humain est comme une maison avec de nombreuses pièces. Jésus a décrit comment les mauvais esprits voient les êtres humains comme des maisons où ils peuvent vivre. Une maison a beaucoup de pièces. Certaines pièces de la maison sont plus utilisées que d'autres. Les pièces d'un être humain pourraient être son esprit, son tempérament, sa chair, son cœur, son attitude, son émotion, sa volonté et sa compréhension.

Lorsque l'esprit impur est sorti d'un homme, il va par des lieux arides, cherchant du repos, et il n'en trouve point. Alors il dit : Je retournerai dans ma maison d'où je suis sorti ; et, quand il arrive, il la trouve vide, balayée et ornée. Il s'en va, et il prend avec lui sept autres esprits plus méchants que lui; ils entrent dans la maison, s'y établissent...

Matthieu 12:43-45

Il y a des gens dont les émotions et les humeurs sont occupées par des esprits mauvais. Certains deviennent si souvent déprimés qu'il est clair que leurs humeurs sont occupées par des démons. Personne ne peut rester autour de ces gens quand ils ont leurs humeurs.

Certains ont des esprits mauvais qui occupent leur vie sexuelle. Une sexualité débridée est généralement causée par la présence d'esprits mauvais. D'autres ont des esprits mauvais dans leur esprit et leur compréhension. L'entêtement et le manque de compréhension pourraient bien être un signe de la présence de démons. Par la puissance du Saint Esprit, la guérison vient à toutes ces zones affligées.

6. L'onction de guérison brise le joug.

Et il arrivera, en ce jour-là, que son fardeau sera ôté de dessus ton épaule, et son joug de dessus ton cou ; et le joug sera détruit à cause de l'onction.

**Ésaïe 10:27
(Bible King James Française)**

Un joug est quelque chose qui vous tient captif d'une telle façon que vous ne pouvez pas en sortir. Un joug est quelque chose que vous ne pouvez pas arrêter ou auquel vous ne pouvez pas échapper. La cécité et la paralysie sont des jougs.

Un joug est un lourd fardeau qui vous tient bloqué dans un état particulier, de sorte que vos mouvements et votre liberté sont limités. Une vache sous le joug est bloquée dans un état particulier. Elle ne peut pas aller à gauche ou à droite. Elle est sous un joug. Un joug est une fixation. L'onction du Saint Esprit est une onction qui brise et détruit les jougs. Elle guérira tout ce qui vous a attaché et fixé. L'onction de guérison peut briser les jougs de la vie des gens.

Certains semblent condamnés à une mort tragique, quoi qu'ils fassent. C'est le joug de la mort. Le diable dit à certains qu'ils divorceront s'ils se marient. Le divorce semble être leur destin. Ils semblent être destinés et attachés au malheur dans le mariage.

Certains pays sont sous des jougs. Quoi qu'ils fassent et quelque soit leur type de gouvernement, ils vont dans une direction particulière.

Un joug est quelque chose qui est attaché autour de votre cou et qui vous tire dans une direction particulière. Vous vous rendrez compte que presque tout dans nos vies requiert la guérison. Quand l'onction de guérison commencera à couler, les épaules des gens seront libérées des fardeaux. Les jougs seront retirés des gens par l'onction de guérison.

Par l'onction, les jougs seront rompus et vous aurez l'occasion de prêcher à des milliers.

Il est temps de rassembler des villes entières !

Le soir, après le coucher du soleil, on lui amena tous les malades et les démoniaques. Et toute la ville était rassemblée devant sa porte. Il guérit beaucoup de gens qui avaient diverses maladies ; il chassa aussi beaucoup de démons, et il ne permettait pas aux démons de parler, parce qu'ils le connaissaient.

Marc 1:32-34

L'onction de guérison est votre occasion de rassembler toute la ville dans votre église. L'onction de guérison est votre occasion de rassembler toute la ville pour nos croisades. L'œuvre de Dieu entrera dans une nouvelle dimension quand nous opérerons dans l'onction de guérison du Christ.

Chapitre 19

Sept caractéristiques de l'onction de guérison

1. **L'onction de guérison est l'onction sur vous et non l'onction en vous.**

   Pour vous, l'onction que vous avez reçue de lui demeure en vous, et vous n'avez pas besoin qu'on vous enseigne ; mais comme son onction vous enseigne toutes choses, et qu'elle est véritable et qu'elle n'est point un mensonge, demeurez en lui selon les enseignements qu'elle vous a donnés.
   1 Jean 2:27

   L'onction *sur* vous est différente de l'onction *en* vous. Beaucoup de gens ne comprennent pas la différence. Nous pouvons tous être remplis du Saint Esprit et des fleuves d'eau vive couleront de nos seins.

   Celui qui croit en moi, des fleuves d'eau vive couleront de son sein, comme dit l'Écriture.
   Jean 7:38

   Puisque nous avons tous ces fleuves d'eau vive qui coulent hors de nous, n'avons-nous pas tous l'onction de guérison ? L'onction que chaque chrétien a est l'onction de l'intérieur.

Jésus a aussi affirmé avoir quelque chose en Lui. Il a affirmé avoir Dieu en Lui. Et pourtant, Il savait quand le manteau de l'onction de guérison était venu sur Lui.

Mais si je les fais, quand même vous ne me croyez point, croyez à ces œuvres, afin que vous sachiez et reconnaissiez que le Père est en moi et que je suis dans le Père.

Jean 10:38

L'onction de guérison est une autre onction que Dieu met sur le ministre. C'est pourquoi Jésus a dit : « L'Esprit du Seigneur est sur moi... ».

L'Esprit du Seigneur est sur moi, parce qu'il m'a oint pour annoncer une bonne nouvelle aux pauvres ; Il m'a envoyé pour guérir ceux qui ont le cœur brisé, pour proclamer aux captifs la délivrance, et aux aveugles le recouvrement de la vue, pour renvoyer libres les opprimés,

Luc 4:18-19

Elle est comme un manteau qui vient sur le ministre. Quand le Seigneur me dit qu'Il me donnait une onction de guérison, Il ne me remplit pas d'une nouvelle onction. J'étais déjà rempli de l'Esprit. Il mettait une onction *sur* moi. C'est pourquoi on parle parfois de l'onction comme d'une cape ou d'un manteau. Un manteau est quelque chose que vous mettez sur vous. Ce n'est pas quelque chose que vous avalez ou que vous absorbez. Cela caractérise l'onction qui vient sur une personne pour un ministère spécial.

2. L'onction de guérison est activée par la foi.

L'onction est activée par la foi. L'onction ne fonctionne pas s'il y a beaucoup de doute. La femme avec la perte de sang eut foi en la puissance de Dieu. Elle ne Le connaissait pas personnellement. Elle avait juste entendu qu'il y avait de la puissance autour de Lui. Elle sentait que la puissance pouvait même être dans Ses vêtements. Elle toucha le bord de Son vêtement et la force coula de Jésus dans son corps.

Car elle disait : Si je puis seulement toucher ses vêtements, je serai guérie. Mais Jésus lui dit : Ma fille, ta foi t'a sauvée ; va en paix, et sois guérie de ton mal.
Marc 5:28.34

Jésus était en route vers la maison de quelqu'un quand Il sentit que quelqu'un tirait Ses vêtements. Il sut soudain qu'une force était sortie de Lui. Jésus se retourna vers la foule et demanda qui L'avait touché.

Les disciples n'étaient pas contents quand ils découvrirent qui c'était. C'est souvent comme ça. Les disciples qui auraient dû suivre marchaient probablement en bâillant, et ils étaient fatigués de tous ces gens. Ils voulaient juste profiter de leurs privilèges en tant que gardes du corps de Jésus. La femme dit à Jésus tout ce qui s'était passé. Elle était mal à l'aise, parce qu'elle sentait que les gens pouvaient penser qu'elle essayait de déshabiller Jésus en public. Mais elle avait senti la puissance de Dieu passer à travers elle.

La seule chose que Jésus lui dit fut : « Ma fille, ta foi t'a sauvée ».

Dans cette déclaration, Jésus révéla la clé de l'écoulement de l'onction. La foi est la clé qui tire l'onction de l'oint. J'ai remarqué que les gens qui ont foi en moi tirent le don de Dieu qui est en moi. La foi qu'ils ont en moi tire en fait le don qui est en moi et exige l'onction.

Vous devez vraiment croire en une personne pour toucher le bord de son vêtement pour votre guérison. La confiance absolue en une personne provoque l'onction. C'est vrai.

Un jour, Élisée passait par une ville. Une femme demanda à son mari de faire de la place pour l'homme de Dieu. Encore une fois, nous voyons une femme reconnaître l'onction avant que l'homme ne remarque quoi que ce soit.

Elle dit à son mari : « Faisons quelque chose pour cet homme de Dieu qui passe par la ville ».

Le mari accepta et elle prépara un endroit agréable pour le prophète.

Un jour, Élisée demanda à la femme : « Que veux-tu de Dieu ? » C'est la question que l'onction demande à tous ceux qui marchent dans la foi.

Que voulez-vous ? Quand vous avez la foi, l'onction est provoquée et commence à vous demander : que voulez-vous ? De quoi avez-vous besoin ? Quel est votre désir ?

Un jour Élisée passait par Sunem. Il y avait là une femme de distinction, qui le pressa d'accepter à manger. Et toutes les fois qu'il passait, il se rendait chez elle pour manger. Elle dit à son mari : Voici, je sais que cet homme qui passe toujours chez nous est un saint homme de Dieu.

Faisons une petite chambre haute avec des murs, et mettons-y pour lui un lit, une table, un siège et un chandelier, afin qu'il s'y retire quand il viendra chez nous.

Élisée, étant revenu à Sunem, se retira dans la chambre haute et y coucha.

2 Rois 4:8-11

La femme dit : « Je vis dans ma propre ville natale et avec mon propre peuple ». Elle avait besoin d'un enfant. Dieu le lui donna, parce qu'elle avait provoqué l'onction sur Élisée !

Votre foi est ce qui vous rendra sain. Ayez foi en Dieu. Ayez foi dans les serviteurs de Dieu. Ayez foi dans l'onction de guérison.

3. L'onction de guérison est éteinte par la familiarité.

Jésus se rendit dans Sa propre ville natale pour prêcher. C'était un charpentier connu de Nazareth. Ils ne pouvaient pas croire que ce même charpentier dise qu'Il avait été oint pour prêcher, guérir et libérer les captifs. « Que c'est absurde ! », ont-ils dû se dire.

> Jésus partit de là, et se rendit dans sa patrie. Ses disciples le suivirent. Quand le sabbat fut venu, il se mit à enseigner dans la synagogue. Beaucoup de gens qui l'entendirent étaient étonnés et disaient : D'où lui viennent ces choses ? Quelle est cette sagesse qui lui a été donnée, et comment de tels miracles se font-ils par ses mains ? N'est-ce pas le charpentier, le fils de Marie, le frère de Jacques, de Joses, de Jude et de Simon ? Et ses sœurs ne sont-elles pas ici parmi nous ? Et il était pour eux une occasion de chute.
>
> Mais Jésus leur dit : Un prophète n'est méprisé que dans sa patrie, parmi ses parents, et dans sa maison.
>
> Il ne put faire là aucun miracle, si ce n'est qu'il imposa les mains à quelques malades et les guérit.
>
> Marc 6:1-5

Jésus avait réparé leurs lits, leurs armoires et leurs placards pendant de nombreuses années. Ils Le connaissaient comme charpentier et non comme libérateur. L'onction est éteinte par la familiarité. La familiarité fait naître le mépris !

Il est parfois préférable que vous restiez à distance pour pouvoir recevoir l'onction. Parfois, quand vous êtes proche d'un homme de Dieu, vous avez tendance à le mépriser. Il faut de la grâce pour être proche et être encore capable de recevoir. Tout le monde n'a pas cette grâce !

Voir le bien ? Voir le mal ? Voir l'onction ?

La familiarité engendre des questions, ce qui tue l'onction. Mais cette fille avec le problème de sang croyait que si elle pouvait toucher le bord du vêtement de Jésus, elle serait guérie. Elle ne savait pas s'Il était menuisier ou plombier. Et cela n'avait pas d'importance pour elle. C'est une bonne chose si Jésus était charpentier, mais cela n'a pas d'importance quand il s'agit de la puissance de Dieu.

Vous devez mettre de côté les pensées analytiques ou critiques et penser en termes de la puissance de Dieu. La femme ne se souciait pas de qui était Son père ou Sa mère. Elle ne savait pas combien Jésus avait fait payer pour faire un grand lit. C'était le moindre de ses soucis. Elle ne voyait pas le bien, elle ne voyait pas le mal, elle voyait seulement la puissance de Dieu. Et c'est ce qu'elle reçut ! Elle reçut la puissance.

Diminuer la familiarité, augmenter l'onction

C'est pourquoi les hommes de Dieu semblent être plus oints quand ils sont hors de leurs propres églises. Plus ils sont loin de personnes familières, plus l'onction coule.

Ce n'est pas qu'ils sont plus oints quand ils voyagent. C'est parce qu'il y a moins de familiarité quand un ministre voyage loin de chez lui. Jésus Christ Lui-même ne put pas faire grand-chose quand Il vint dans Son propre pays.

4. La science médicale a prouvé que l'onction de guérison est réelle.

La science médicale n'est pas en contradiction avec l'onction de guérison. Jésus demanda à l'homme d'aller à l'endroit où les gens étaient officiellement déclarés guéris. C'est l'équivalent aujourd'hui d'un hôpital.

> **Un lépreux vint à lui ; et, se jetant à genoux, il lui dit d'un ton suppliant : Si tu le veux, tu peux me rendre pur. Jésus, ému de compassion, étendit la main, le toucha, et dit : Je le veux, sois pur. Aussitôt la lèpre le quitta, et il fut purifié. Jésus le renvoya sur-le-champ, avec de sévères recommandations, et lui dit : Garde-toi de rien dire à personne ; mais va te montrer au sacrificateur, et offre pour ta purification ce que Moïse a prescrit, afin que cela leur serve de témoignage.**
> **Marc 1:40-44**

La guérison peut résister aux épreuves de la science médicale. Jésus savait que Sa puissance pouvait résister à l'épreuve de la science. Si Dieu vous a guéri et que vous êtes vraiment guéri, votre guérison peut résister à l'épreuve de tout examen médical.

Je veux que vous sachiez que la guérison de Dieu est aussi réelle que n'importe quelle autre guérison.

Je me souviens de la guérison miraculeuse d'une diabétique qui vivait grâce aux injections quotidiennes d'insuline. Elle avait jeûné et croyait que Dieu la guérirait. Elle ne cessait de vérifier son taux de sucre dans le sang tout le temps pendant la réunion, pour voir si elle avait été guérie.

Après le service de miracle, elle retourna voir ses médecins. Les médecins firent quelques tests et ne trouvèrent aucun signe de diabète. Ils s'excusèrent auprès d'elle pour leur mauvais diagnostique.

Preuve scientifique de prière et de guérison

La science documente maintenant le fait que la foi en Dieu est capable de guérir les malades. Je voudrais citer un article très intéressant du Reader 's Digest d'octobre 1999 :

> *L'idée que la foi religieuse peut favoriser le bien-être physique n'est pas nouvelle. La plupart d'entre nous avons entendu parler de cas où quelqu'un, apparemment par pure foi et volonté, s'est miraculeusement rétabli d'une maladie en phase terminale ou a survécu beaucoup plus longtemps que les médecins pensaient qu'il soit possible. Ce qui est nouveau est que ces gratifications de la religion deviennent matière de science.*

> *« Nous ne pouvons pas prouver scientifiquement que Dieu guérit, mais je crois que nous pouvons prouver que la croyance en Dieu a un effet bénéfique », déclare Dale A. Mathieu, MD, professeur agrégé de médecine au Medical Center de l'université de Georgetown à Washington, DC. « Il y a peu de doute que la foi et de saines pratiques religieuses peuvent aider les gens à aller mieux ».*

Des preuves convaincantes

> *Quelle est vraiment la puissance de la preuve liant la foi et de la santé ? Plus de 30 études ont trouvé un lien entre l'engagement spirituel ou religieux et une longévité accrue.*

Parmi les plus convaincantes :

Une enquête sur 5 286 Californiens a constaté que les membres de l'église ont des taux de mortalité plus faibles que les non-membres, indépendamment de facteurs de risque tels que le tabagisme, l'alcoolisme, l'obésité et l'inactivité.

Ceux qui ont un engagement religieux avaient moins de symptômes ou avaient de meilleurs résultats de santé dans sept des huit études sur le cancer, dans quatre des cinq études sur la pression artérielle, dans quatre des six études sur les maladies cardiaques, et dans quatre des cinq études sur la santé en général.

Les personnes ayant un engagement religieux fort semblent être moins sujettes à la dépression, au suicide, à l'alcoolisme et autres toxicomanies, selon une analyse de recherche.

L'un des comptes-rendus les plus approfondis démontre les liens entre la religion et la santé, quels que soient l'âge, le sexe et les frontières culturelles et géographiques. Il comprend plus de 200 études dans lesquelles on a trouvé que la religion était facteur d'incidence d'une maladie, explique Jeffrey S. Levin, ancien professeur à l'Eastern Virginia Medical School de Norfolk. Levin a trouvé une association entre la bonne santé et la religion dans des études sur les enfants et les adultes, sur les Américains protestants, les Européens catholiques, les Japonais bouddhistes et les Israéliens juifs, sur des personnes vivant dans les années 1930 et 1980 et des patients souffrant de maladies aiguës et chroniques.

Comment la prière guérit

Pourquoi la foi semble-t-elle avoir un effet protecteur puissant ? Les experts proposent plusieurs explications possibles.

Aller à des services religieux garantit un contact avec les gens. Le soutien social est une clé bien connue pour la santé et la longévité.

La foi donne un sentiment d'espoir et de contrôle qui neutralise le stress. « L'engagement à un système de croyances permet aux gens de mieux gérer la maladie traumatique, la souffrance et le deuil », explique Harold G. Koenig, MD, directeur du Centre d'étude de la religion, de la spiritualité et de la santé au Medical Center de l'université de Duke.

La prière suscite des changements bénéfiques dans le corps. Quand les gens prient, ils expérimentent les mêmes baisses de taux de pression, dans le métabolisme, le cœur et la respiration que la fameuse « réponse de relaxation » décrite par Herbert Benson, MD, à la Medical School de Harvard. Réciter le chapelet, par exemple, implique les mêmes étapes que la réponse de relaxation : répéter un mot, une prière, une phrase ou un son, et retourner à la répétition quand d'autres pensées veulent s'immiscer. Alors que la réponse de relaxation fonctionne quels que soient les mots utilisés, dit Benson, ceux qui choisissent une phrase religieuse sont plus susceptibles d'en bénéficier s'ils croient en Dieu.

Les prières des autres peuvent-elles guérir ?

Les chercheurs étudient si les prières des autres peuvent guérir. Benson et ses collègues, qui étudient les patients ayant eu un pontage coronaire, et Matthews, qui étudie les personnes atteintes de polyarthrite rhumatoïde, essaient de confirmer les résultats d'une étude de 1988 souvent citée par le cardiologue Randolph Byrd, MD.

Dr. Byrd a divisé 393 patients cardiaques au Medical Center de l'hôpital général de San Francisco en deux groupes. Les chrétiens de tout le pays ont prié pour un groupe, et l'autre groupe ne reçut pas de prières des participants à l'étude. Les patients ne savaient pas à quel groupe ils appartenaient. Le groupe pour lequel on a prié a expérimenté moins de complications, moins de cas de pneumonie, moins d'arrêts cardiaques, moins d'insuffisance cardiaque congestive et eut besoin de moins d'antibiotiques.

Certaines études controversées sont encore plus déconcertantes : elles suggèrent que la prière peut influencer tout, de la croissance des bactéries dans un laboratoire à la cicatrisation des plaies chez les souris. « Ces études sur des organismes inférieurs peuvent être faites avec une grande précision scientifique, et on ne peut expliquer les résultats par l'effet placebo, par exemple », explique Larry Dossey,

MD, auteur de « Prayer is good medicine » *(Ces mots qui guérissent).*

Les docteurs comme croyants

Dr Dossey est devenu tellement convaincu de la puissance de la prière qu'il a commencé à prier en privé pour ses patients. Néanmoins, lui et d'autres experts avancent avec prudence dans ce domaine. « Nous ne voulons certainement pas commencer à vendre la religion au nom de la science », dit-il. « Les gens doivent faire leurs propres choix ».

Et pourtant, les établissements de soins de santé commencent à prêter attention à la relation foi-santé. Des conférences sur la spiritualité et la santé ont été parrainées par la Medical School de Harvard et la Mayo Clinic. Près de la moitié des écoles de médecine aux États-Unis offrent maintenant des cours sur le sujet. Dans une étude sur 269 médecins lors de la réunion de 1996 de l'American Academy des médecins de famille, 99% ont dit qu'ils pensaient que les croyances religieuses pouvaient contribuer à la guérison. Quand on les a interrogés sur leurs expériences personnelles, 63% des médecins ont dit que Dieu est intervenu pour améliorer leurs propres conditions médicales.

De toute évidence, leurs patients s'accordent à dire que la prière est un outil puissant de guérison. Les sondages du Time / CNN et de USA Weekend montrent qu'environ 80% des Américains croient que la foi spirituelle ou la prière peut aider les gens à se remettre d'une maladie ou d'une blessure, et plus de 60% estiment que les médecins devraient discuter avec les patients sur la foi et même prier avec ceux qui le demandent.

Cette aspiration à une connexion entre la religion et la médecine est en partie une réaction à un système de soins de santé qui est devenu de plus en plus précipité et impersonnel. « En médecine, le pendule a tellement oscillé vers le physique qu'il a presque totalement exclu le spirituel », dit le Dr Dossey. « Cela ne semblait pas juste aux yeux des patients ou de nombreux médecins, et le pendule a commencé à osciller en sens inverse ».

Où est la place de la foi ?

Alors qu'est-ce que cela veut dire pour la personne moyenne ? Cela ne veut pas dire ajouter une pratique religieuse à la liste de choses saines à faire. Vous ne pouvez pas adopter la foi comme vous adoptez un régime alimentaire pauvre en matières grasses.

Ce que vous pouvez faire est de dire ce que vous pensez si vous faites face à une maladie ou une intervention chirurgicale et aimeriez que votre croyance fasse partie de vos soins de santé. Cela ne veut pas dire que vous devriez vous attendre à ce que votre médecin prie avec vous ou pour vous. Mais il est raisonnable de s'attendre à ce qu'il écoute vos besoins, organise une visite de l'aumônier de l'hôpital, ou vous donne le temps de prier avant de vous amener en salle d'opération.

« La foi », affirme Koenig, « offre aux personnes un certain contrôle sur leur vie plutôt que de dépendre simplement d'une profession médicale qui devient de plus en plus distante et mécanisée chaque jour.[1]

L'onction de guérison est réelle !

5. L'onction de guérison est une onction persistante.

Il y avait un homme qui avait été ressuscité d'entre les morts au contact avec les os d'Élisée. Apparemment, il y avait une onction persistante dans la tombe. La tombe d'Élisée contenait encore quelque onction. Laissez l'onction s'attarder sur vous. Ne soyez pas pressé de sortir de l'onction. Quiconque a reçu l'imposition des mains dans un service de miracle a une onction persistante qui repose sur lui. L'onction reste longtemps. C'est une onction persistante.

> **Élisée mourut, et on l'enterra. L'année suivante, des troupes de Moabites pénétrèrent dans le pays. Et comme on enterrait un homme, voici, on aperçut une de ces troupes, et l'on jeta l'homme dans le sépulcre d'Élisée. L'homme alla toucher les os d'Élisée, et il reprit vie et se leva sur ses pieds.**
>
> **2 Rois 13:20-21**

6. L'onction de guérison est mystérieuse.

Élisée était atteint de la maladie dont il mourut.

2 Rois 13:14

Quelqu'un peut demander : « Pourquoi l'onction d'Élisée ne guérit-elle pas Élisée lui-même ? » Pourquoi l'onction qui pouvait ressusciter les morts ne pouvait-elle pas guérir le vaisseau qui transportait l'onction ? L'onction de guérison est une onction mystérieuse. Beaucoup se demandent pourquoi une personne est guérie et l'autre pas. Comment se fait-il que quelqu'un mort d'une maladie puisse encore exercer un ministère de guérison ?

7. L'onction de guérison est associée à l'onction de prospérité.

L'onction de guérison est associée à la prospérité. La guérison est généralement accompagnée de prospérité.

Tout au long de la Bible, vous remarquerez l'association entre la guérison et la prospérité. Vous remarquerez que les gens qui prêchent la guérison prêchent souvent la prospérité.

a. Le prophète Ésaïe a fait le lien entre guérison et prospérité.

L'esprit du Seigneur, L'ÉTERNEL, est sur moi, car L'ÉTERNEL m'a oint pour porter de bonnes nouvelles aux malheureux ; Il m'a envoyé pour guérir ceux qui ont le cœur brisé, pour proclamer aux captifs la liberté, et aux prisonniers la délivrance ;

Pour publier une année de grâce de L'ÉTERNEL, et un jour de vengeance de notre Dieu ; pour consoler tous les affligés ;

Pour accorder aux affligés de Sion, pour leur donner un diadème au lieu de la cendre, une huile de joie au lieu du deuil, un vêtement de louange au lieu d'un esprit abattu, afin qu'on les appelle des térébinthes de la justice, une plantation de L'ÉTERNEL, pour servir à sa gloire.

Ésaïe 61:1-3

Quelqu'un peut se demander pourquoi on enseigne toujours ces deux choses. C'est parce qu'elles vont de pair. Jésus a parlé de l'onction : « L'Esprit du Seigneur est sur moi » ; Il a déclaré qu'Il avait été oint pour prêcher l'Évangile aux PAUVRES.

Tout d'abord, Il a répondu aux besoins des pauvres. Puis, dans la phrase suivante, Il a parlé de la guérison des cœurs brisés.

L'introduction du ministère de Jésus, la prospérité et la guérison sont liées entre elles. Quand l'onction de guérison coule, la prospérité abonde. Quand les gens reçoivent la guérison, ces deux miracles vont ensemble.

Pourquoi Dieu vous a-t-Il guéri et a-t-Il prolongé votre vie ? Pour vous bénir ici-bas d'années d'abondance supplémentaires.

b. L'apôtre Jean a fait le lien entre guérison et prospérité.

Bien-aimé, je souhaite que tu prospères à tous égards et sois en bonne santé, comme prospère l'état de ton âme.

3 Jean 2

L'apôtre Jean a aussi lié ces deux bénédictions. Il a déclaré que son plus grand souhait était que ses enfants spirituels aient à la fois la prospérité et la guérison.

Une fois de plus, les deux bénédictions vont ensemble.

Si Dieu vous a donné la guérison, Il vous a aussi donné la prospérité. C'est vrai !

Il y a la guérison à gauche et la prospérité à droite. La prospérité et la guérison marchent ensemble. Quand vous recevez l'une, ouvrez les yeux parce que l'autre est proche.

c. Jésus Christ a fait le lien entre guérison et prospérité.

Jésus leur dit : Sans doute vous m'appliquerez ce proverbe : Médecin, guéris-toi toi-même ; et vous me direz : Fais ici, dans ta patrie, tout ce que nous avons appris que tu as fait à Capernaüm.

Mais, ajouta-t-il, je vous le dis en vérité, aucun prophète n'est bien reçu dans sa patrie.

Je vous le dis en vérité : il y avait plusieurs veuves en Israël du temps d'Élie, lorsque le ciel fut fermé trois ans et six mois et qu'il y eut une grande famine sur toute la terre ;

et cependant Élie ne fut envoyé vers aucune d'elles, si ce n'est vers une femme veuve, à Sarepta, dans le pays de Sidon. Il y avait aussi plusieurs lépreux en Israël du temps d'Élisée, le prophète ; et cependant aucun d'eux ne fut purifié, si ce n'est Naaman le Syrien.

Luc 4:23-27

Jésus a fait le lien entre guérison et prospérité quand Il a enseigné sur la guérison de Naaman et la prospérité de la veuve dans un sermon.

Dans le fameux sermon de Jésus dans sa ville natale, Il a parlé à la fois de la guérison et de la prospérité. Il a parlé de la guérison de Naaman le Syrien. Dans le même souffle, il a parlé du miracle financier de la veuve de Sarepta. Ces deux bénédictions semblent être liées dans l'esprit. Je vois le Seigneur vous donner la prospérité et la guérison dont vous avez besoin.

Chapitre 20

Quatre façons de recevoir l'onction de guérison

...qui pourra te guérir ?
Lamentations 2:13

La question est claire : « Qui pourra te guérir ? » La science médicale est incapable de guérir beaucoup de maladies de ce monde. Habituellement, les médecins contrôlent les effets des maladies. On fait beaucoup de choses justes pour maintenir un patient en vie.

Dieu est un guérisseur, et c'est pourquoi Il S'est présenté dans l'Ancien Testament comme Jéhovah *Rophe*. Il est Jéhovah votre guérisseur, le bâtisseur de ponts, le guérisseur de votre vie, le guérisseur de vos situations et le donneur d'espoir.

Souvent, les gens ne comprennent pas les problèmes des autres. Nous essayons souvent de sympathiser avec les victimes, mais nous ne comprenons pas vraiment l'ampleur du problème auquel ils sont confrontés. La maladie est l'un des plus grands problèmes de l'humanité. Qui pourra te guérir ? Le Seigneur peut te guérir !

1. **Vous pouvez recevoir l'onction de guérison par l'imposition des mains.**

   ...ils imposeront les mains aux malades, et les malades seront guéris.

   Marc 16:18

L'une des façons dont Dieu peut vous toucher et vous bénir est par l'imposition des mains. Ne prenez pas l'imposition des mains pour acquis. Quelque chose de merveilleux se produit quand une personne ointe impose les mains.

Il fut un temps où le Dr Yonngi Cho imposait les mains aux gens sur la Prayer Mountain. Il y eut bientôt une file de gens qui voulaient être touchés. Je me dis : « Eh bien, pour une fois que je peux voir une main étendue, je ne vais pas quitter ce lieu sans que cette main ne me touche ». J'ai immédiatement rejoint la file d'attente et j'ai reçu ma part de bénédiction. Dès qu'il m'imposa les mains, je me dis : « Merci Seigneur, quelque chose m'arrive en ce moment même ».

Je sais que l'onction est transmise quand on vous impose les mains ; je crois donc que même serrer la main de l'homme de Dieu peut transmettre l'onction.

Je me rappelle une histoire que j'ai entendue sur L'évêque Benson Idahosa alors qu'il rentrait au Nigeria de l'école biblique. Il était sur le point de commencer dans le ministère et ses représentants de l'Église étaient venus le chercher à l'aéroport. Alors qu'il leur serrait la main, ils ont commencé à tomber sous la puissance. C'est la foi dans le contact qui active l'onction.

L'imposition des mains est basée sur le principe que la puissance de Dieu se transmet par le contact physique. Même une étreinte, une poignée de main ou un simple contact physique peut mener à la transmission de l'onction.

Une simple étreinte peut devenir aussi puissante que l'imposition des mains, selon votre foi en Dieu ! Quand un cadavre tomba dans la tombe d'Élisée, il revint à la vie parce que la puissance de Dieu lui avait été transmise par la puissance du contact.

2. **Vous pouvez recevoir l'onction de guérison par l'onction d'huile.**

> **Ils chassaient beaucoup de démons, ET ILS OIGNAIENT D'HUILE BEAUCOUP DE MALADES ET LES GUÉRISSAIENT.**
>
> **Marc 6:13**

> **Quelqu'un parmi vous est-il malade ? Qu'il appelle les anciens de l'Église, et que les anciens prient pour lui, EN L'OIGNANT D'HUILE AU NOM DU SEIGNEUR ;**
>
> **la prière de la foi sauvera le malade, et le Seigneur le relèvera; et s'il a commis des péchés, il lui sera pardonné.**
>
> **Jacques 5:14-15**

Prier pour les malades avec l'huile d'onction est scripturaire. Notre simple huile d'olive est comme le baume de Galaad et elle représente l'onction du Dieu Tout-Puissant. Si vous pouvez croire que ce n'est plus de l'huile d'olive ordinaire, mais l'onction de guérison du Saint Esprit, elle guérira toutes les maladies de votre vie. C'est l'huile d'onction qui guérissait les malades et chassait les démons de la Bible. Elle est réelle !

Rappelez-vous ce que Jésus dit à propos de la communion. Il dit que c'était Son corps et Son sang. Il nous dit de manger Son corps et de boire Son sang.

> **Pendant qu'ils mangeaient, Jésus prit du pain ; et, après avoir rendu grâces, il le rompit, et le donna aux disciples, en disant : Prenez, mangez, CECI EST MON CORPS.**
>
> **Il prit ensuite une coupe ; et, après avoir rendu grâces, il la leur donna, en disant : Buvez-en tous ; car**

CECI EST MON SANG, le sang de l'alliance, qui est répandu pour plusieurs, pour la rémission des péchés.

Matthieu 26:26-28

Quand certains ont reçu la communion et cru que ce n'était plus simplement du pain ou du vin, mais en fait le corps et le sang de Jésus, ils ont été guéris. Quand d'autres les ont traités irrespectueusement, ils sont tombés malades et certains sont morts.

C'est pourquoi celui qui mangera le pain ou boira la coupe du Seigneur indignement, sera coupable envers le corps et le sang du Seigneur.

Que chacun donc s'éprouve soi-même, et qu'ainsi il mange du pain et boive de la coupe ; car celui qui mange et boit sans discerner le corps du Seigneur, mange et boit un jugement contre lui-même.

C'est pour cela qu'il y a parmi vous beaucoup d'infirmes et de malades, et qu'un grand nombre sont morts.

1 Corinthiens 11:27-30

De la même manière, vous devez comprendre que quand nous prions sur l'huile, ce n'est plus de l'huile, mais la puissance du Saint Esprit qui passe dans votre corps.

3. Vous pouvez recevoir l'onction de guérison par des vêtements.

Beaucoup de gens ne reconnaissent pas la puissance de l'onction qui réside dans les vêtements des personnes ointes. L'onction de guérison semble pouvoir rester dans les vêtements des personnes ointes. La femme avec la perte de sang crut qu'elle n'avait pas besoin qu'on prie pour elle ou qu'elle soit ointe d'huile. Elle n'avait pas besoin de rencontrer ou de parler à Jésus personnellement. Si seulement elle pouvait toucher Son vêtement, elle serait guérie.

Car elle disait : SI JE PUIS SEULEMENT TOUCHER SES VÊTEMENTS, JE SERAI GUÉRIE.
                                                            Marc 5:28

La puissance invisible du Saint Esprit se traduit dans le physique. C'est pourquoi des méthodes physiques comme l'imposition des mains, l'onction d'huile et l'entrée en contact avec les vêtements peuvent transmettre la puissance du Saint Esprit. Remarquez comment une ville entière voulait juste toucher les vêtements de Jésus. Ils n'étaient pas intéressés par la prière, les conseils ou quoi que ce soit de ce genre. Ils voulaient juste toucher Ses vêtements.

> **Après avoir traversé la mer, ils vinrent dans le pays de Génésareth. Les gens de ce lieu, ayant reconnu Jésus, envoyèrent des messagers dans tous les environs, et on lui amena tous les malades. Ils le prièrent de LEUR PERMETTRE SEULEMENT DE TOUCHER LE BORD DE SON VÊTEMENT. ET TOUS CEUX QUI LE TOUCHÈRENT FURENT GUÉRIS.**
>   **Matthieu 14:34-36**

Quand les gens ont la foi, l'onction est activée. Les hommes de la ville voulaient juste toucher le bord de tout ce que Jésus portait. Ils savaient que l'onction était dans le vêtement.

Un jour, deux prophètes se promenaient au bord du fleuve, l'un était oint et l'autre ne l'était pas. Celui qui n'était pas oint voulait désespérément recevoir l'onction. Alors qu'ils marchaient, le prophète cadet demanda au prophète aîné s'il pouvait avoir une double portion de son onction. Le prophète aîné rit et dit qu'il avait demandé une chose difficile.

Soudain, un char de feu apparut, et bien que le prophète cadet essayât de rester à proximité, le prophète aîné fut emporté au ciel. Le prophète cadet était si triste qu'il pleurait. Quand il eut fini de pleurer, il essuya ses larmes et regarda autour de lui. ET VOILÀ LE VÊTEMENT ! Il l'avait laissé tomber. Le jeune prophète savait que l'onction pourrait être dans le vêtement. Il prit le vêtement (manteau) et frappa les eaux du Jourdain. « Où est le Seigneur, le Dieu d'Élie ? », s'écria-t-il. Il n'était pas sûr si c'était un vêtement oint ou non.

Mais quand le fleuve réagit au manteau, le jeune prophète sut qu'il avait ramassé un vêtement oint. Le vêtement contenait l'onction et il avait le vêtement. Sa vie allait être différente, parce qu'il avait l'onction.

> **Lorsqu'ils eurent passé, Élie dit à Élisée : Demande ce que tu veux que je fasse pour toi, avant que je sois enlevé d'avec toi. Élisée répondit : Qu'il y ait sur moi, je te prie, une double portion de ton esprit !**
>
> **Élie dit : Tu demandes une chose difficile. Mais si tu me vois pendant que je serai enlevé d'avec toi, cela t'arrivera ainsi ; sinon, cela n'arrivera pas.**
>
> **Comme ils continuaient à marcher en parlant, voici, un char de feu et des chevaux de feu les séparèrent l'un de l'autre, et Élie monta au ciel dans un tourbillon.**
>
> **Élisée regardait et criait : Mon père ! Mon père ! Char d'Israël et sa cavalerie ! Et il ne le vit plus. Saisissant alors ses vêtements, il les déchira en deux morceaux.**
>
> **Il releva le manteau qu'Élie avait laissé tomber. Puis il retourna, et s'arrêta au bord du Jourdain ;**
>
> **il prit le manteau qu'Élie avait laissé tomber, et il en frappa les eaux, et dit : Où est l'Éternel, le Dieu d'Élie ? Lui aussi, il frappa les eaux, qui se partagèrent çà et là, et Élisée passa.**
>
> **2 Rois 2:9-14**

Vous ne pouvez pas définir Dieu et Le mettre dans une boîte. Vous ne pouvez pas vous attendre à ce que Dieu se comporte d'une manière particulière. L'onction de guérison est mystérieuse ! Toutes ces différentes façons sont des méthodes bibliques qui font couler l'onction.

4. Vous pouvez recevoir l'onction de guérison par la parole prononcée.

L'onction de guérison agit par la parole prononcée. On l'appelle la « *rhema* ». Jésus n'a pas souvent imposé les mains aux gens. Il a exercé son ministère principalement en leur adressant des paroles. Il dit : « Va ton chemin, ton fils est vivant » ou Il dit : « Ma fille, ta foi t'a sauvée ». À une autre occasion, Il dit : « Jeune homme, je te le dis, lève-toi ».

La plupart des gens veulent qu'on leur impose les mains, mais de nombreux miracles ont lieu à travers la parole prononcée.

Élisée et la parole prononcée

Élisée opérait dans l'onction de guérison en prononçant une parole. Élisée envoya un message à Naaman : « Va te laver et tu seras guéri ». La guérison était dans ce message.

> **Naaman vint avec ses chevaux et son char, et il s'arrêta à la porte de la maison d'Élisée. Élisée lui fit dire par un messager : Va, et lave-toi sept fois dans le Jourdain ; ta chair deviendra saine, et tu seras pur.**
> **2 Rois 5:9-10**

Jésus et la parole prononcée

Le fils d'un noble n'allait pas bien. L'homme vint à Jésus pour la guérison de son fils. Jésus lui dit : « Va, ton fils est vivant ». Aucune prière. Aucune imposition des mains. Aucune huile d'onction. Aucun vêtement. Juste une parole ! Prononcer une parole est un moyen puissant d'exercer la guérison.

Sur le chemin du retour, ce noble rencontra des gens qui lui dirent que son fils était guéri. Il leur demanda à quelle heure son fils s'était trouvé mieux et il découvrit que c'était au même moment où Jésus lui avait parlé. Seuls trois mots avaient été prononcés. Un grand miracle avait eu lieu.

Il retourna donc à Cana en Galilée, où il avait changé l'eau en vin. Il y avait à Capernaüm un officier du roi, dont le fils était malade.

Ayant appris que Jésus était venu de Judée en Galilée, il alla vers lui, et le pria de descendre et de guérir son fils, qui était près de mourir...

« Va, lui dit Jésus, ton fils vit » ...Comme déjà il descendait, ses serviteurs venant à sa rencontre, lui apportèrent cette nouvelle : Ton enfant vit. Il leur demanda à quelle heure il s'était trouvé mieux ; et ils lui dirent : Hier, à la septième heure, la fièvre l'a quitté.

Le père reconnut que c'était à cette heure-là que Jésus lui avait dit : Ton fils vit...

Jean 4:46-47.50-53

Essayez de ne pas tant penser à l'imposition des mains. Dieu va vous toucher et Il changera votre vie par la parole prononcée par son serviteur oint.

Chapitre 21

Opérez dans la puissance et le feu de l'Esprit

1. Soyez honnête et acceptez le fait que vous manquez de la dimension de puissance du Saint Esprit.

Croyez que vous devez opérer dans la dimension de puissance de l'onction. Faites ce que vous devez faire pour vous élever d'une onction ordinaire à une onction de puissance.

Les Écritures révèlent une différence claire entre l'onction ordinaire et la dimension de puissance de l'onction. Jésus s'en alla conduit par l'onction mais Il revint sous la puissance de l'onction. Jésus Christ a été oint du Saint Esprit et de puissance.

> **Vous savez comment Dieu a oint du Saint Esprit et de force Jésus de Nazareth, qui allait de lieu en lieu faisant du bien et guérissant tous ceux qui étaient sous l'empire du diable, car Dieu était avec lui.**
>
> **Actes 10:38**

Beaucoup d'entre nous connaissons les fruits du Saint Esprit, comme l'amour, la patience, la paix et la joie. Nous croyons que ces qualités sont ce que le Saint Esprit apporte à nos vies. En effet, l'amour, la joie, la paix, la patience, la longanimité et la douceur du Saint Esprit sont des fruits précieux.

Nous savons aussi qu'Il nous baptise et nous aide à parler en langues. Mais il y a plus. Il y a aussi la dimension de puissance.

Il y a une différence entre l'onction et la puissance du Saint Esprit. On mentionne ces deux séparément pour une raison.

La Bible distingue l'*onction* de la *puissance* pour que vous compreniez qu'elles sont différentes. Pourquoi la Bible ne dit-elle pas seulement que Jésus a été oint du Saint Esprit ? Parce qu'il y a une différence entre avoir le Saint Esprit et avoir la *puissance* du Saint Esprit.

Dieu nous montre qu'il y a une dimension de puissance du Saint Esprit. Remerciez Dieu vous êtes oint. Mais Dieu essaie de vous donner à la fois l'onction et la puissance.

Jésus, rempli du Saint Esprit, revint du Jourdain, et IL FUT CONDUIT PAR L'ESPRIT dans le désert.

Luc 4:1

2. Laissez le Saint Esprit vous conduire dans la dimension de puissance.

Jésus, revêtu de LA PUISSANCE DE L'ESPRIT, retourna en Galilée, et sa renommée se répandit dans tout le pays d'alentour.

Luc 4:14

Vous devez pouvoir suivre le Saint Esprit, même s'Il vous conduit au désert. C'est ainsi que vous rencontrerez la dimension de puissance. Je suis entré dans la dimension de puissance du Saint Esprit en étant conduit en elle par Dieu.

Jésus fut « conduit par l'Esprit » pour aller au désert. Quand Il revint, Il a opéré dans la « *puissance* de l'Esprit ». Chaque pasteur peut être oint du Saint Esprit. Mais chaque pasteur peut également être oint de puissance. Votre ministère changera quand vous aurez à la fois le Saint Esprit et la puissance du Saint Esprit. Vous pouvez être un bon enseignant de la Parole de Dieu, mais votre ministère d'enseignement peut aussi avoir une dimension de puissance.

3. Croyez dans la dimension de feu du Saint Esprit.

Remarquez ce que Jean-Baptiste dit au sujet de Jésus. Il dit que Jésus aurait à la fois le Saint Esprit et le feu.

> **Jean leur dit à tous : Moi, je vous baptise d'eau ; mais il vient, celui qui est plus puissant que moi, et je ne suis pas digne de délier la courroie de ses souliers. Lui, il vous baptisera du SAINT ESPRIT ET DE FEU.**
>
> **Luc 3:16**

Une fois de plus, vous remarquerez que le feu est mentionné séparément. Il y a une dimension de feu du Saint Esprit. Le feu est un type de puissance. Jésus n'avait pas seulement l'onction, Il avait la puissance et le feu de l'onction.

Il y a une dimension de feu du ministère. Le feu du Saint Esprit brûlera chaque mauvaise graine et chaque mauvaise œuvre du diable. C'est la dimension de l'onction dans laquelle Dieu essaie de nous faire entrer. C'est la dimension tangible. C'est la puissance et le feu.

Puissiez-vous opérer constamment dans la dimension de puissance et de feu du Saint Esprit. Puissiez-vous aimer exercer votre ministère par des miracles et des manifestations du Saint Esprit !

Made in the USA
Monee, IL
03 May 2026

49438656R00115